DROIT ROMAIN & ANCIEN DROIT FRANÇAIS

LES

# IMPOTS INDIRECTS

## DROIT FRANÇAIS

### EXAMEN CRITIQUE DES IMPOTS INDIRECTS

*au point de vue économique,*
*au point de vue administratif et au point de vue contentieux.*

## THÈSE POUR LE DOCTORAT

PAR

### René SELOSSE

Avocat, Lauréat de la Faculté de droit.

LILLE

IMPRIMERIE SIX-HOREMANS

1878

## UNIVERSITÉ DE FRANCE

ACADÉMIE DE DOUAI　　　　FACULTÉ DE DROIT

# THÈSE

POUR

# LE DOCTORAT

L'acte public sur les matières ci-après sera soutenu le Samedi
15 Juin 1878, à trois heures de l'après-midi,

PAR

## René SELOSSE

Avocat, Lauréat de la Faculté, né à Lille.

*Le candidat devra en outre répondre à toutes les questions qui lui seront faites sur
les autres matières de l'enseignement.*

PRÉSIDENT : M. BLONDEL, Doyen.

SUFFRAGANTS
MM. D. DE FOLLEVILLE,　　Professeur.
ESMEIN,
POISNEL-LANTILLIÈRE,
JOBBÉ-DUVAL,　　Agrégés
chargés de cours.
MICHEL,

## LILLE

## IMPRIMERIE SIX-HOREMANS

1878

A la mémoire de mon Père

A ma Mère

# DROIT ROMAIN

## DES IMPOTS INDIRECTS

# CHAPITRE PREMIER.

## CONSIDÉRATIONS GÉNÉRALES
### SUR
## L'ORGANISATION ADMINISTRATIVE & CONTENTIEUSE
## DES IMPOTS INDIRECTS.

Le système financier romain a été l'objet d'assez nombreux travaux. M. de Savigny en Allemagne (1), M. Baudi di Vesme en Italie (2), M. Giraud, en France, pour ne citer que les princes de la science juridique, ont édifié une théorie des impositions directes dans l'empire romain aussi belle dans son ensemble que complète dans ses détails; ils ont montré ce qu'étaient à Rome et dans les provinces l'impôt foncier et la capitatio, sur quelles bases se faisait le cadastre et par quels moyens le tributum, d'exceptionnel qu'il était, devint peu à peu général. Sur tous ces points, ils ont eu le mérite de l'originalité et ils ont laissé à quiconque voudrait traiter le même sujet la perspective de ne pouvoir mieux dire. Leurs investigations, toutefois, ne se sont portées qu'accidentellement sur tout ce qui concerne les impôts

(1) Du système des contributions sous les empereurs romains. — Verm. Schrift. II. 67

(2) Des impositions de la Gaule dans les derniers temps de l'empire romain. — Traduit par Laboulaye dans la revue historique de droit français, 1861, p. 365-406.

indirects; cette partie, bien importante cependant du système financier romain, est demeurée dans l'ombre, à tel point qu'on s'est quelquefois demandé si, à l'exception de l'impôt sur les affranchissements et sur les successions, il existait à Rome des impôts indirects. Quelques monographies, il est vrai, dont une de M. de Valroger sur la *vicesima hereditatum* (1), une de M. de la Ménardière sur la *vicesima manumissionum* (2), une de M. Humbert sur les douanes (3), et quelques notes éparses dans les *vermischte schriften* de M. de Savigny et dans les antiquités romaines de MM. Marquardt et Mommsen, nous ont révélé l'existence de ces impôts et ont jeté sur chacun d'eux quelques éclaircissements; mais la théorie d'ensemble que MM. de Serrigny (4) et Dureau de la Malle (5) n'ont fait qu'ébaucher, est restée à l'état d'esquisse. Avec de pareils auteurs pour guides, je puis me hasarder sans témérité dans une voie encore peu explorée, et il me sera permis d'ajouter à leurs théories quelques idées générales et quelques détails nouveaux.

L'histoire des impositions indirectes en droit romain n'offre d'intérêt que sous l'empire. Sous le gouvernement des rois et sous la république nous trouvons, il est vrai, mentionnés par les historiens, deux impôts indirects, les douanes et le vingtième des affranchissements, mais le peu de stabilité du premier, qui fut tour à tour supprimé et rétabli, et les idées restrictives des affranchissements qui motivèrent l'établissement du second, enlèvent pendant cette période presque toute son importance au rôle des impôts indirects dans l'administration romaine. A cette époque, du reste, si les charges de la république étaient grandes à cause de ses innombrables guerres, ses revenus ordinaires étaient plus grands encore : le tributum, payé par les provinces

---

(1) De l'impôt sur les successions chez les Romains, par M. de Valroger fils.

(2) De l'impôt du vingtième sur l'affranchissement des esclaves, par M. de la Ménardière.

(3) Humbert. Les douanes et les octrois chez les Romains.

(4) De Serrigny. Droit administratif romain.

(5) Dureau de la Malle. Economie politique des Romains.

et surtout le butin qu'amenait chaque conquête, suffisaient amplement à payer les frais de la guerre et à couvrir les charges de l'administration intérieure. Point donc n'était besoin de recourir à ces impôts indirects qui dénotent toujours chez un peuple la grandeur de ses charges pécuniaires et son impuissance à équilibrer ses dépenses avec ses recettes. Les Romains, maîtres du monde, pouvaient s'affranchir chez eux de tout impôt indirect comme ils s'étaient affranchis de l'impôt foncier, parce qu'ils avaient entre leurs mains, pour enrichir les coffres des particuliers et le trésor de l'Etat, les marchandises de Carthage, le blé de la Sicile, l'or de d'Espagne et les richesses artistiques de la Grèce.

Cependant un jour vint où tout cet or fut épuisé, où les pays qui le produisaient ne purent plus satisfaire les prétentions de Rome et les exactions de ses publicains. Ce malaise financier inaugura l'empire. Jules César, dictateur, avait commencé par vider entre ses mains le trésor public et en avait dissipé le contenu en largesses faites à la populace, en guerres et en futilités. Pour la première fois Rome vit son trésor vide et les provinces épuisées étaient dans l'impuissance de le remplir. Et cependant les charges pécuniaires auxquelles l'Etat devait faire face augmentaient à mesure que l'empire s'affermissait. Aux fonctions purement honorifiques de questeurs, de tribuns, de consuls, se substitua toute une hiérarchie de fonctionnaires impériaux, salariés par l'Etat, autant de parasites qui dès lors vécurent aux dépens du trésor public. Au peuple il fallait du pain et des jeux, et, pour soutenir leur puissance, les empereurs devaient avec de l'or contenter ses caprices. L'armée elle-même, qui jusqu'alors avait acquitté l'impôt du sang comme étant le seul impôt dû à l'Etat par chaque citoyen, réclamait une augmentation de solde journalière et aggravait ainsi les frais de chaque guerre. Devant cet accroissement de dépenses, il fallait dans les mêmes proportions un accroissement de ressources. Les empereurs comprirent que les provinces épuisées étaient incapables de le fournir; ils ne pouvaient non plus compter sur de nouvelles conquêtes d'autant moins fructueuses qu'elles s'exerçaient chaque jour sur des peuples plus lointains et plus barbares, sans commerce ni industrie.

Force leur fut de chercher dans l'impôt une source nouvelle de revenus. Les premiers empereurs et Auguste en particulier, auraient voulu soumettre tous les citoyens à l'impôt foncier. Mais était-il possible d'enlever aux terres italiques l'immunité dont elles jouissaient depuis des siècles, et d'y étendre l'impôt foncier, qui jusqu'à ce jour, ne pesait que sur les provinces? Une pareille réforme devait être l'œuvre du temps ; elle ne pouvait se réaliser d'un jour à l'autre par l'effet d'une simple loi, sans porter une atteinte trop sensible aux lois constitutives de la société romaine et sans exposer à une révolution l'empire à peine assis sur ses bases. Auguste renonça à son projet primitif. Il s'adressa aux sénateurs et les pria de lui présenter individuellement, par écrit, leurs idées sur le meilleur système financier. Ce n'est pas, observe Dion Cassius (1), qu'il n'eût lui-même un moyen tout trouvé ; en recueillant les avis des autres, il espérait les amener plus sûrement à approuver le sien. Plusieurs propositions lui furent faites, mais aucune n'obtint son assentiment. Il produisit alors son plan, ou plutôt, il sut avec son habileté ordinaire, le faire adopter par le sénat sans révéler à celui-ci dans quel but il était conçu. Il parla d'abord d'un impôt de cinq pour cent sur les successions et sur les legs ; l'impôt fut accepté. Puis vinrent le *vectigal rerum venalium* et l'impôt sur la vente des esclaves. Toutes ces taxes ne devaient être perçues qu'à Rome et en Italie. Proposées successivement par Auguste, elles furent adoptées par le sénat, et quand les nouvelles contributions soulevaient des murmures, l'empereur feignait de vouloir leur substituer l'impôt foncier; sans indiquer quels en seraient le montant et le mode de prélèvement, il expédiait des commissaires pour cadastrer les propriétés et aussitôt la crainte de charges plus lourdes étouffait les clameurs. Ce fut de cette façon que les premiers impôts indirects s'établirent en Italie, et dès lors le plan d'Auguste se révèle à nous dans toute sa simplicité. Ne pouvant soumettre les

---

(1) Lib. L. V., 24, 25.

citoyens romains à l'impôt foncier, Auguste veut, pour établir entre tous les habitants de l'empire une répartition des charges plus juste et plus fructueuse, organiser en Italie un système d'impôts indirects dont les provinces auraient été exemptes ; celles-ci continueraient à payer l'impôt foncier et l'équilibre était en quelque sorte rétabli.

Cet expédient financier, inauguré par Auguste, fut suivi par ses successeurs. Tous les impôts indirects qui dans la suite furent inventés par les empereurs romains ne frappaient que l'Italie ; les provinces en étaient exemptes. Cette règle fut rigoureusement observée jusqu'au règne de Caracalla et l'équilibre fut maintenu entre l'Italie et les provinces au point de vue des charges pécuniaires. Caracalla y porta la première atteinte ; en concédant à tous les sujets de l'empire, le titre de citoyens, il assujettit les habitants des provinces aux impôts indirects ; l'équilibre était rompu et pour le rétablir il fallut chercher à étendre l'impôt foncier à Rome et à l'Italie. Ce double travail d'extension à l'Italie des impôts directs et aux provinces des impôts indirects fut terminé vers l'époque de Dioclétien, lorsque l'application du cadastre aux terres italiques eut rétabli entre tous les sujets de l'empire l'égalité par l'uniformité des charges pécuniaires auxquelles désormais ils devaient tous être soumis.

Aussitôt qu'on eût introduit en Italie l'impôt foncier, un phénomène curieux s'opéra dans le système financier romain. Pendant le peu de temps qui s'écoula depuis la mort de Dioclétien jusqu'à l'avènement de Constantin, la plupart des impôts indirects disparurent pour se fondre dans l'impôt foncier. On demanda à la propriété ce qu'on cessait de puiser de ce côté. Cette disparition des impôts indirects fut la conséquence du système, en vertu duquel « l'empire, dit M. de Valroger, en vint à reverser successivement sur la propriété foncière, le poids des charges publiques. L'assiette savante, qui avait été donnée à l'impôt foncier, présentait des facilités de recouvrement qui séduisirent. On vit là, sans doute, une simplification ; idée funeste qui eut les plus désastreuses conséquences. On tarissait ainsi la richesse qui est la source de toutes les autres. »

Avant d'entrer dans les détails que comporte cette étude, il est nécessaire de rechercher quelle a été l'organisation administrative et contentieuse des contributions indirectes en droit romain.

1° ORGANISATION ADMINISTRATIVE. — A la différence de l'impôt foncier et de la capitation, les impôts indirects n'étaient pas perçus directement par des agents de l'Etat. Ils étaient affermés et les adjudicataires de la ferme étaient en principe chargés de leur perception. Je dis en principe, car par exception, il arrivait quelquefois qu'à côté du fermier, il y avait des percepteurs, nommés et salariés par l'Etat ; ainsi en était-il pour la perception de l'impôt du vingtième sur les affranchissements.

L'adjudication des fermes des vectigalia se faisait aux enchères sous la présidence des censeurs. Elle avait lieu au forum, *in conspectu populi romani*, aux Ides de mars qui étaient le premier mois de la vieille année de dix mois. Les droits et obligations des adjudicataires étaient fixés par le cahier des charges (*tabulæ censoriæ*), rédigé par les censeurs (1). Le sénat avait le droit de modifier et même de casser le contrat d'adjudication (2) La décision du sénat n'était cependant pas souveraine, car dans la seconde moitié de la république, les *concilia plebis* obtinrent ou s'arrogèrent le droit de ratifier ou d'annuler par un plébiscite tous les *senatus-consultes* relatifs aux finances, au culte et aux affaires internationales (3).

Il y avait autant de fermes qu'il y avait d'impôts différents. On comptait en effet la ferme des douanes, la ferme de la *vicesima manumissionum*, la ferme de la *vicesima hereditatum*, etc. L'adjudication se faisait ordinairement pour cinq ans. L'acte qui la constatait était déposé dans le trésor (4).

Personne n'était obligé de se rendre adjudicataire de la ferme des *vectigalia* (5). Toutefois si un fermier, qui avait fait de grands

(1) Pline XVIII. 3. (5). — Liv. XXVII, 11. — Cic. de leg. ag. I. 2.
(2) Polybe. VI, 17. — Liv. XXXIX, 44. — Cic. ad Att. I, 17. § 9.
(3) Liv. XLII, 19. — Cic. Verr. II. 3, 6, § 12.
(4) Cic. de nat. de or. III, 19.
(5) Dig. I. 3 § 6 de *jure fisci*.

profits, voulait se retirer après l'expiration de son bail, on pouvait l'obliger de continuer le nouveau bail aux mêmes conditions que l'ancien, toutes les fois que le nouvel adjudicataire offrait des conditions moins avantageuses (1).

Les fermiers reliquataires n'étaient point reçus à contracter un nouveau bail, avant d'avoir apuré les comptes de l'ancien (2).

Tout adjudicataire devait fournir caution.

Le prix de la ferme était ordinairement payable aussitôt après l'adjudication ; quelquefois il se payait par annuité ; tout du reste dépendait des conditions de l'adjudication. Si le fermier ne payait pas, il était permis de l'évincer, de casser son bail et de le contraindre au paiement des intérêts depuis le jour qu'il était en demeure. Si plusieurs associés exploitaient séparément une même ferme, on pouvait contraindre celui qui ne payait pas sa quote-part du prix, à céder sa part de la régie (3).

A cause de l'importance de chaque adjudication, il s'était formé de bonne heure des sociétés de riches citoyens qui affermaient les *vectigalia*. Ces sociétés pouvaient sur leur demande acquérir les droits des corporations (4). On les appelait *societates publicanorum* ou *vectigalium* et ceux qui en faisaient partie *publicani, decumani* (5). Chaque société avait à Rome un directeur (*manceps, princeps societatis*) ; ce directeur était l'adjudicataire, fournissait la caution et était responsable envers l'état (6). Un gérant annuel (*magister societatis*) était chargé de la comptabilité et de la correspondance (7). Dans chaque province, il y avait un pro-magister dont les fonctions étaient les mêmes que celles du magister (8). Le magister et les *promagistri* avaient sous leurs ordres des écrivains et des aides, *tabellarii* et *servi* (9).

---

(1) Dig. l. 11 § 5 de *publicanis* et *vectigalibus*.
(2) Dig. l. 9 § 2    »         »
(3) Dig. l. 9 § 4    »         »
(4 Tac. ann. IV, 6 — XIII, 50 — Fr. 1. Dig. 8, 4.
(5) Liv. XXIII, 48, 49.
(6) Varr. de l. l. V. 4 — Polyb. VI, 17.
(7) Cic. Verr. II. 2, 74 § 182 — ad. Att. 15 § 3.
(8) Cic. Verr. II. 2, 70 § 169 — ad. Att. XI. 10.
(9) Cic. ad. Att. 15 et 18.

Tantôt une même adjudication affermait les taxes à percevoir à Rome et celles à percevoir dans les provinces ; tantôt il y avait autant d'adjudications qu'il y avait de provinces. Dans ce dernier cas, il arrivait souvent que de riches provinciaux prenaient la ferme des impôts dans leurs districts respectifs ; ils parvenaient ainsi à tenir à l'écart les publicains romains, qu'on considérait, avec raison, comme des spéculateurs redoutables. Gaius Gracchus changea cet état de choses ; il fit voter un plébiscite qui défendait aux provinciaux de se porter adjudicataires des fermes des *vectigalia*, et, comme sanction de cette prohibition, il décida que les taxes à percevoir dans les provinces seraient comprises dans l'adjudication qui se faisait à Rome de l'impôt similaire.

A la suite de ce plébiscite, les provinciaux furent exclus de toutes les adjudications, et on vit se former à Rome des sociétés colossales pour la prise à ferme de tous les revenus publics à percevoir aussi bien dans les provinces que dans Rome (1).

Les publicains reçurent du préteur un interdit spécial destiné à les protéger (2).

La surveillance des fermes des *vectigalia* appartenait aux censeurs. Ces derniers devaient prendre soin de faire observer toutes les conditions du contrat d'adjudication ; à cet effet, ils avaient des pouvoirs assez étendus : ils pouvaient annuler le contrat et, au besoin, user de leur droit de rayer le fermier de la liste des citoyens. Nous verrons, dans le paragraphe suivant, quels étaient leurs pouvoirs au contentieux.


2° ORGANISATION CONTENTIEUSE. — Quand une contestation s'élevait entre l'adjudicataire et l'État sur la façon d'interpréter les clauses du contrat de ferme, les censeurs étaient compétents pour la vider, suivant le principe qui admettait la possibilité du concours de l'administratif et du contentieux dans les mêmes mains. La décision des censeurs était susceptible d'appel parde-

---

(1) Fronton 2° Verrine, ch. IV. — Aulu. Gelle, 11, 10. — Cicero de rep., 3, 21 — In Verr., 3, 6, 12.
(2) Fr. 1 pr. Dig. 49, 9.

vant le Sénat. Si, au contraire, la contestation s'élevait entre le fermier et un particulier, compétence appartenait aux intendants des finances. Ceux-ci jugeaient en premier ressort et l'appel était porté devant le Sénat. Jules César, voulant que l'ordre des sénateurs et celui des chevaliers eussent seuls dans Rome le droit de rendre la justice, cassa le tribunal des intendants des finances, appelés *prœfe.ti œrarii*, et son successeur Auguste établit à sa place des procureurs fiscaux, appelés *procuratores Cœsaris*. Ces *procuratores* avaient une juridiction contentieuse pour toutes les questions fiscales ; quelquefois ils avaient aussi de petits gouvernements. C'est ainsi que Ponce Pilate était à la fois procureur du fisc et gouverneur de la Judée. Par exception, il y avait pour certains revenus des *procuratores* particuliers, et ces derniers étaient juges dans les matières qui concernaient l'impôt qu'ils étaient chargés de percevoir ; tels étaient les *procuratores XX hereditatum*.

L'appel des décisions rendues par les *procuratores Cæsaris* était porté dans les provinces devant le gouverneur, et à Rome devant le Sénat. Lorsqu'au troisième siècle la garde du Trésor fut enlevée au Sénat et confiée à un procurator suprême, le Sénat perdit en même temps le droit qu'il avait de juger en dernier ressort les affaires fiscales (1). Ce droit fut attribué au procurator suprême du Trésor public (2) ; tous les *procuratores* qui se trouvaient dans les provinces et qu'on appelait alors *rationales* impériaux, furent soumis à son autorité.

Si dans le cours du procès il apparaissait que le publicain s'était rendu coupable d'un délit quelconque, d'un délit de concussion, par exemple, le procurator devait surseoir à l'instruction du procès civil jusqu'à ce que le juge compétent eût statué sur la question criminelle. Ce juge compétent était la juridiction de droit commun (3).

Cette organisation fut modifiée par Constantin. On sait que ce prince supprima les anciens *procuratores* et créa à leur place deux

---

(1) Lamprid. Diadumen. 4. — Vopisc. Aurelian. 9, 12, 20.
(2) Spart. Sever. 12. — Capit. Macrin 2, 7.
(3) C. 1 et 5. Lib. III. T. XXVI.

charges de surintendants, dont l'un fut appelé *comes sacrarum largitionum*, et l'autre *comes rerum privatarum* : le premier avait l'administration des deniers publics, le second, celle du domaine. Les attributions de ce dernier ne nou, intéressent pas. Au *comes sacrarum largitionum* appartenait, au contraire, la solution de toutes les questions fiscales et, comme on admettait encore le cumul de l'administratif et du contentieux dans les mêmes mains, il était juge d'appel des décisions rendues par ses subordonnés. Ces subordonnés étaient départis dans les provinces en nombre plus ou moins considérable, suivant leur importance ; il y en avait six en Orient et douze en Occident. On les appelait *comites largitionum*.

La procédure suivie devant ces tribunaux était soumise à certaines règles particulières, dont les plus importantes étaient les suivantes : 1° Le fisc était toujours demandeur, de façon que le contribuable était mis ou demeurait en possession jusqu'au jugement définitif. C'était une règle inverse à celle de notre ancien droit, d'après laquelle le roi ne plaidait jamais que main garnie, c'est-à-dire toujours au possessoire, jamais au petitoire. 2° Les arrêts rendus contre le fisc pouvaient se rétracter pendant trois ans (1). 3° Les cautions de ceux qui étaient condamnés envers le fisc n'étaient pas solidaires ; elles n'étaient tenues chacune que pour leur part, excepté en cas d'insolvabilité de l'une d'elles. 4° Dans les affaires douteuses, la loi ordonnait que le fisc fût condamné. Pline, dans son panégyrique, dit que Trajan faisait observer exactement cette loi. 5° Dans chaque affaire, l'avocat du fisc devait être présent.

_______________

(1) Loi unique *C. de sententiis adv. fiscum retractandis.*

# CHAPITRE II.

## DE L'IMPOT
### DU VINGTIÈME SUR LES AFFRANCHISSEMENTS.

L'impôt du vingtième sur les affranchissements remonte à l'an de Rome 398. Il fut voté par l'armée assemblée par tribus, sous le consulat de Cneius Manlius. Cette façon de faire un plébiscite, qui donnait aux consuls une trop grande puissance, parut un exemple dangereux, et les tribuns défendirent, sous peine de mort, d'assembler le peuple en dehors des lieux destinés aux comices. Néanmoins, la lex Manlia fut reconnue et approuvée par le sénat, non pas, tant à cause des ressources pécuniaires qu'elle promettait au trésor public, qu'à cause des entraves qu'elle apportait aux affranchissements. Les Romains avaient en effet un double motif de craindre l'envahissement de la cité par les affranchis : au point de vue politique, cet envahissement enlevait son caractère aristocratique à une cité qui tenait plus à la qualité qu'au nombre de ses citoyens; au point de vue fiscal, il augmentait le nombre des privilégiés exempts d'impôts, et diminuait dans la même proportion le nombre de ceux qui étaient tributaires de la république. Rappelons-nous qu'à cette époque, les citoyens romains jouissaient d'une immunité d'impôts presque absolue, qu'au contraire l'impôt foncier était dû par tous les pérégrins, et nous comprendrons que ces derniers devaient chercher à obtenir par tous les moyens possibles le droit de cité. Les moyens légaux ne suffisant pas ou étant trop difficiles, les pérégrins prenaient une voie indirecte : ils se donnaient en servitude à un citoyen romain, afin d'obtenir, par un affranchissement subséquent, le droit de cité et l'exemption d'impôt qui en était la suite. « Quare ergo servivisti ? » disait un personnage de comédie (1). « Quia ipse me « dedi in servitutem; malui enim civis romanus esse quam tribu- « tarius. » La lex Manlia prévint cette ruse, ou tout au moins en rendit les effets moins avantageux, en faisant payer d'avance l'immunité d'impôt qui devait résulter de l'affranchissement.

Comme la lex Manlia avait surtout pour but d'apporter des en- traves aux affranchissements, qui conféraient avec le titre de citoyen romain l'exemption d'impôts, il résultait qu'elle cessait d'être applicable toutes les fois que l'esclave affranchi, pour une raison quelconque, n'arrivait pas au droit de cité. Par exemple : l'esclave d'un pérégrin était affranchi, l'impôt était-il dû ? Non, l'esclave affranchi devenait pérégrin et tributaire de la république; son affranchissement ne portait donc atteinte ni à l'honneur aris- tocratique de la cité, ni au trésor public. De même, trois siècles plus tard, la lex Manlia cessa de s'appliquer toutes les fois qu'un esclave affranchi tombait sous le coup de la loi Julia Norbana (671) ou de la loi Œlia Sentia (757). Tantôt, il était assimilé à un latinus coloniarius, et en cette qualité, ne jouissait pas des droits politiques attachés au titre de citoyen; tantôt, sa condition était celle des pérégrins.

Cette élimination faite des affranchis pérégrins, latins juniens et déditices, nous restons en présence des affranchis citoyens romains. Inutile de dire que l'impôt était dû quand l'affranchis- sement s'effectuait dans Rome même ou dans les villes auxquelles avait été concédé le droit de cité. Mais, en était-il de même lors- que l'affranchissement avait lieu dans les provinces ? Contraire- ment à l'opinion de M. de La Ménardière, je serais tenté de

______

(1) Pétron, cap. LVII.

répondre affirmativement. Au moment où la lex Manlia fut établie, le cens était rigoureusement observé, et pour réclamer le titre et les privilèges de citoyen romain, il était de toute nécessité de figurer sur les registres du censeur. Lorsqu'un affranchissement avait lieu, l'inscription du nom de l'affranchi sur ces registres, était indispensable, pour qu'il produisît tous ses effets, et cela sans distinguer s'il avait lieu à Rome ou dans les provinces. Dans ce dernier cas, l'inscription exigeait un déplacement puisque les registres censoriaux ne se trouvaient qu'à Rome et dans les villes municipales, et la perception de l'impôt se faisait dans ces mêmes villes au moment de l'inscription dont elle était la condition *sine qua non*. Ce mode de recouvrement de l'impôt sur les affranchissements dans les provinces n'était pas sans présenter de grands inconvénients pour les redevables, mais on ne sentit pas de sitôt le besoin de l'améliorer à cause de la rareté même des affranchissements qui, dans les provinces, conféraient à l'affranchi la qualité de citoyen. Pour qu'un affranchissement produisît cet effet, rappelons-nous que le maître lui-même devait être citoyen romain; or, il n'y avait que ces deux situations possibles : ou bien le *manumissor*, citoyen romain n'avait dans la province qu'une résidence passagère et provisoire, et, dans ce cas, le recouvrement de l'impôt se faisait, comme je l'ai dit plus haut, au moment de l'inscription sur les registres censoriaux du nom de l'affranchi comme citoyen romain, à son retour dans Rome ou dans une ville municipale. Ou bien le *manumissor* avait établi définitivement son domicile dans la province; c'était, par exemple, un volontaire qui avait renoncé à sa patrie, une personne qui était condamnée à une amende, et qui venait en province pour éviter de la payer, un fils de famille qui avait été désigné par son père pour émigrer dans les colonies. Or, toutes ces personnes, qui s'établissaient ainsi dans les provinces, perdaient immédiatement la qualité de citoyens (1), et devenaient *latini coloniarii*; en affranchissant leurs esclaves, ils ne pouvaient en faire que des latins comme ils l'étaient eux-mêmes.

---

(1) Gaïus I § 131.

Cette situation dura jusqu'au règne de Caracalla. Ce prince trouva dans la concession du droit de cité un moyen d'augmenter ses revenus. Il fit un édit qui déclarait citoyens romains tous les sujets de l'empire; de cette façon, il assujettit les provinciaux à payer les impôts indirects qui, auparavant, ne pesaient que sur l'Italie, et en particulier l'impôt du vingtième sur les affranchissements. Comme cette constitution augmentait considérablement le nombre des affranchissements qui conféraient la qualité de citoyen, il fallut étendre aux provinces le mode de perception usité à Rome, et on établit dans les localités les plus importantes des *stationes* pour les *vicesimarii*, collecteurs spéciaux de l'impôt sur les affranchissements. Un grand nombre d'inscriptions prouve l'existence de ces *stationes* dans les provinces (1).

A partir de la constitution de Caracalla, les affranchissements qui ne faisaient que des latins juniens ou des déditices, continuèrent à être exempts de tout impôt. Il en fut de même des affranchissements émanant de personnes privées du droit de cité par l'effet d'une condamnation criminelle. Enfin, on n'est pas d'accord sur la portée de la constitution de Caracalla; d'après les uns, cette constitution était générale et devait s'appliquer aussi bien dans l'avenir que dans le présent; d'après les autres, la concession du droit de cité fut limitée aux habitants actuels de l'empire et à leur descendance. Suivant qu'on adopte

---

(1) M. de la Ménardière cite les inscriptions suivantes trouvées à Poitiers et dans d'autres villes de provinces :

M. Lusio Pub. XX. Lib. Pr. Aer.
P. H. C. Bennia Venusti
Conjugi Merentissimo.

---

D. M. Victori Ark. XX. Lib. P. H. C.
Quintilia Procula conjugi.

(Gruter 591-2).

---

C. Atisius Primus.
Publ. XX Libertat.
P. G. N.
Æliæ Saturninæ.
Conjugi Carissimæ.

(Muratori I, p. 184).

l'une ou l'autre de ces opinions, il faut donner une extension plus ou moins grande à l'impôt sur les affranchissements dans les provinces.

Le taux de l'impôt était, d'après la *lex Manlia*, du vingtième de la valeur de l'esclave affranchi. Cette valeur était fixée par le receveur même de l'impôt, ce qui était la source de nombreux abus. Les empereurs ajoutèrent à différentes reprises, au taux primitif, des centimes additionnels ; ainsi, il existe à la Bibliothèque royale deux bronzes portant sur la face la note S C avec le *pileus*, symbole de la liberté ; au revers, le signe R, CC (*remissa ducentesima*), et autour l'exergue du troisième et du quatrième consulat de Caius Cœsar. Ces signes indiquent la remise, par Caligula, de quelque centime additionnel ajouté à l'impôt du vingtième sur les affranchissements par un de ses prédécesseurs. Sous Caracalla, le taux fut élevé au dixième ; il fut ramené, par Macrin, à sa valeur primitive (1).

Il est impossible de fixer, même d'une façon approximative, le produit total de l'impôt sur les affranchissements. Pour faire un pareil calcul, il faudrait connaître quels ont été, aux différentes époques de l'empire romain, la valeur moyenne des esclaves et le nombre moyen des affranchissements dans une année ; il faudrait, de plus, déduire de ce nombre tous les affranchissements qui ne conféraient pas le droit de cité. Sur tous ces points, les renseignements font défaut. Tite Live, il est vrai, rapporte que pendant la deuxième guerre punique, en 543, le *sanctius ærarium*, dans lequel était accumulé le produit de la *vicesima manumissionum*, fut ouvert et qu'on y trouva 4,000 livres pesant d'or. Il dit aussi qu'à peu près à la même époque, en 558, les prisonniers d'Annibal vendus en Achaïe furent rachetés à 5 mines par tête.

Avec ces quelques chiffres, on a voulu construire tout un calcul donnant les solutions suivantes : 1° Le prix moyen d'un esclave serait de 457 fr. 38 cent. 2° Pendant les 145 années écoulées de l'an 398 à l'an 543, il y aurait eu 200,000 affran-

---

(1) Dio Cassius, LXXVII, 9. — LXXVIII, 12.

chissements, soit 1,380 affranchissements par an, rapportant chacun 22 fr. 85 cent. au Trésor (1). Je ne discuterai pas ces évaluations ; elles me semblent trop fantastiques, et la base sur laquelle elles reposent n'est rien moins que certaine. Peut-on savoir, en effet, si dans cet espace de 145 années, les Romains n'ont jamais puisé dans leur *œrarium sanctius?* Est-il seulement possible de fixer la valeur moyenne des esclaves, lorsqu'on considère le nombre des exceptions que le caprice, les passions et le luxe devaient y apporter chaque jour. Pour arriver à une solution acceptable, il faudrait trouver tout un système de prix applicable à chaque catégorie d'esclaves, et ce système ne se rencontre que sous le règne de Justinien, à une époque où a disparu l'impôt sur les affranchissements.

La perception de l'impôt était confiée à des collecteurs spéciaux, d'un ordre subalterne, appelés *vicesimarii*, ou encore *villici vicesimæ libertatis*. A la différence des autres impôts indirects, le produit n'était pas affermé ; les *vicesimarii* agissaient comme agents salariés de l'État ; ils avaient sous leurs ordres un certain nombre d'esclaves publics, et eux-mêmes se trouvaient sous la surveillance des questeurs. Si une contestation s'élevait entre le fisc et les redevables, elle était jugée en premier ressort par les *vicesimarii*, et en appel par les questeurs. Le produit de l'impôt était versé dans l'*œrarium sanctius* et réservé pour les cas de dernière nécessité.

En principe, l'impôt était payé par l'esclave affranchi, qui le prélevait sur son pécule ; mais il arrivait souvent que le maître l'acquittait pour son esclave. On disait alors que le maître donnait la *gratuita libertas* (2).

Il est difficile de préciser l'époque vers laquelle disparut l'impôt du vingtième sur les affranchissements. M. Dureau de la Malle, se fondant sur un texte de Dio Cassius (3), pense qu'il a été supprimé dans l'intervalle de temps écoulé entre l'année 673 et l'année 760 et qu'il fut rétabli ensuite. Il a eu le tort de con-

---

(1) Dureau de la Malle Economie politique des Romains, t. 1, p. 289.
(2) Suétone. Vie de Vespasien, XVI, 5.
(3) Dio Cassius, LV, 31.

fondre deux impôts d'une nature différente, l'impôt sur l'affranchissement et l'impôt sur la vente des esclaves. Ces deux impôts furent établis à deux époques différentes et n'eurent jamais le même taux : l'un était du vingtième, l'autre du vingt-cinquième.

M. de Serrigny croit que l'impôt du vingtième sur les affranchissements disparut sous Caracalla. « Après cet empereur, dit-il, il n'en est plus fait mention. Je crois en apercevoir le motif : c'est que cet empereur ayant conféré le droit de cité aux habitants du monde romain, l'impôt qui était le prix de l'acquisition du droit de cité par la voie de l'affranchissement n'avait plus de raison d'être et aurait été sans cause. » Ce motif aurait été vrai quelques siècles plus tôt; mais au temps de Caracalla les circonstances avaient bien changé. Il ne s'agissait plus d'empêcher les affranchis d'envahir la cité romaine; le besoin d'argent dominait toute autre considération, et comme la *lex Manlia* offrait à l'empereur une ressource pécuniaire, celui-ci s'en saisit et, en la rendant plus générale, en fit un instrument exclusivement fiscal Bien loin donc que l'impôt ait été supprimé par Caracalla, il fut par ce dernier étendu aux provinces. Il continua de subsister jusque sous les prédécesseurs de Constantin qui peu à peu détruisirent la plupart des impôts indirects.

# CHAPITRE III.

## DE L'IMPOT DU VINGTIÈME SUR LES SUCCESSIONS.

Pour apprécier la portée de l'impôt sur les successions et en connaître les cas d'application, il est nécessaire de rappeler les circonstances dans lesquelles il fut établi. J'ai déjà eu l'occasion de faire remarquer que sous la république le titre de citoyen avait conféré l'exemption de tous les impôts véritablement onéreux, tels que le tributum et la capitatio. Cette immunité, consacrée par la possession, était devenue une prérogative inviolable. Auguste osa y toucher. Il voulut répartir d'une façon plus équitable et surtout plus fructueuse pour le trésor public entre tous les citoyens de l'empire les charges pécuniaires qui ne pesaient alors que sur les provinces.

La première mesure qu'il prit pour amener cet équilibre entre l'Italie et les provinces fut l'établissement de l'impôt sur les successions. Déjà, en l'année 714, les triumvirs avaient établi un droit proportionnel sur les dispositions testamentaires. Cette mesure, il est vrai, n'était que passagère et elle prit fin avec la guerre contre Sextus Pompée aux frais de laquelle elle avait eu pour but de subvenir (1). Est-il vrai qu'Auguste avait encore un autre précédent dans la loi *Voconia* qui aurait également établi un impôt sur les successions? Deux savants allemands, M. Bachofen (2) et M. Rudorff (3) prétendent que l'impôt sur les successions fut établi par la loi *Voconia*, l'an de Rome 585, et qu'étant tombé en désuétude il fut seulement rétabli par Auguste. Ils se fondent sur cette phrase de Pline le jeune, dans le panégyrique de Trajan : « *Locupletabant et fiscum et œrarium non tam Voconiæ et Juliæ leges quam majestatis singulare et unicum crimen eorum qui crimine vacarent* » (4). Par ces mots, *Julia leges*, il faut entendre, disent-ils, la loi *Julia de vicesima hœreditatum* qui établit sous Auguste l'impôt sur les successions, et comme l'auteur latin rapproche de cette loi la loi *Voconia* ils en concluent que les deux lois contenaient des dispositions analogues. Huschke et M. de Valroger combattent cette opinion avec raison : ils la trouvent arbitraire et inadmissible : arbitraire, dit M. de Valroger, car rien ne prouve que Pline ait voulu parler ici de la loi *Julia de vicesima* plutôt que de la loi *Julia de maritandis ordinibus* refondue ensuite dans la loi *Papia Poppœa* et relative aux dispositions caduques; inadmissible, car si, comme on le prétend, la loi *Voconia* avait établi l'impôt sur les successions, elle eut été remplacée par la loi *Julia de vicesima*. Or Pline parle ici de deux lois persistant l'une à côté de l'autre et enrichissant le fisc. Pour expliquer le passage de Pline il suffira de supposer que les prescriptions de la loi *Voconia* étaient sanctionnées par une disposition fiscale restée inconnue. Rudorff est aujourd'hui revenu en partie sur sa première opinion et dans son *Romanische Rechtsgeschichte*, il la déclare au moins pour douteuse.

Nous avons à rechercher ce qu'était l'organisation de l'impôt sous Auguste telle qu'elle résultait de la *lex Julia* et ce qu'elle devint sous ses successeurs.

---

(1) Appian. V. 67.
(2) *Ansgewälte Lehren des römischen Civilrechts.*
(3) *Das Testament des Dasumius.*
(4) Plin. panegyr. c. 42.

### § 1. — ORGANISATION DE L'IMPÔT SOUS AUGUSTE.

Ce fut en 759 que parut la *lex Julia*, appelée encore *lex vicesima hereditatum*, qui établissait un impôt sur les successions. A la différence de l'édit de 714 qui n'avait eu en vue que les dispositions testamentaires, la *lex Julia* atteignait tout à la fois les successions *ab intestat* et les successions testamentaires.

Rudorff (1) et Beaudoin, anciens commentateurs de la loi Julia, ont soutenu le contraire, assurément sans motif. Le premier a prétendu, par des arguments d'analogie tirés de l'édit de 714, que l'impôt frappait seulement les successions testamentaires. Il se met en contradiction avec les quelques dispositions de la lex Julia que nous retrouvons éparses dans l'histoire de Dion Cassius, dans le panégyrique de Trajan par Pline le Jeune, dans les institutes de Gaius et les sentences de Paul. Le second au contraire a soutenu une opinion tout-à-fait opposée; il a cherché à prouver que les legs étaient dispensés de l'impôt. Son erreur est évidente, car il est également en contradiction avec des textes positifs. Qu'il me suffise de reproduire la disposition suivante du testament de Dasumius restitué par Rudorff et M. Laboulaye: « *Hoc amplius quisquis mihi heres heredesve erit eruntve eum eosque rogo fideique ejus eorumque committo ut quæcumque hoc testamento cuiquam dedi legavi, ea vicensimis omnibus modis liberent.* » (2).

Ne faut-il pas aller plus loin et étendre la loi Julia même aux donations à cause de mort? Je serais tenté de croire que la loi Julia s'appliquait à ces dernières; j'ai pour preuves de la vérité de cette assertion les analogies nombreuses que vers la même époque la loi Furia (3) et la loi Julia et Papia (4), établirent entre les legs et les donations à cause de mort. J'invoquerai

---

(1) *Rom. Rechtsgesch* I. § 23.
(2) Rev. de leg 1845. II, p. 279.
(3) Gaius, II, 225, 226.
(4) Dig. L. 25 pr et 27 pr, 29. 6.

surtout les dispositions de la loi Falcidia qui leur étaien
communes Cette loi parut en 714 comme sanction de l'édit
de la même année dont nous avons parlé plus haut : du
moment qu'on assujettissait à un impôt les dispositions testamentaires, il fallait empêcher ces dispositions de s'évanouir par la
désertion du testament. Or, si cette loi était applicable aux donations à cause de mort, il fallait qu'une crainte semblable existât
vis-à-vis du donataire, et pour que cette crainte existât il fallait
que la donation fût sujette à une taxe profitable au fisc.

L'impôt du vingtième n'était exigé que des citoyens romains.
Cette limitation concordait avec le but de la loi qui était de faire
peser exclusivement sur les citoyens romains un impôt auquel,
les pérégrins, qui payaient l'impôt foncier, devaient rester étrangers. Les citoyens romains qui étaient appelés à une succession, ne payaient cependant pas tous l'impôt ; une exception,
disent les textes, était faite en faveur des parents pauvres et
des parents proches, τῶν πάνυ συγγενῶν ἢ καὶ πενήτων. Mais que fallait-
il entendre par ces expressions ? Les interprètes ont exercé leur
sagacité pour donner de ces mots une explication plausible.

On est généralement d'accord pour reconnaître comme successions des pauvres, τῶν πενήτων, celles qui étaient inférieures
à cent mille *sesterces* ou cent *aurei*. On se fonde pour soutenir
cette opinion sur la loi 23 au code de *testamentis*, sur le § 42 du
commentaire III de Gaius, ainsi que sur le § 3 de succ. libert,
aux *institutes*, d'après lesquels le patron vient en concours avec les
héritiers siens de l'affranchi pour une part virile, à moins que le
défunt n'ait laissé plus de deux enfants ou un patrimoine valant
moins de cent mille *sesterces*. Pline le jeune appelle ce patrimoine
*parva et exilis hereditas* (1).

Sur la seconde expression, succession des proches parents,
τῶν πάνυ συγγενῶν, les interprètes divergent d'opinion. D'après
Burman (2), il faudrait entendre par là tous ceux qui pouvaient
recueillir la succession *ab intestat*. Cette assertion est trop

---

(1) Panégyr. cap. XLI.
(2) De vect. pop. rom. cap. XI.

générale, car elle aboutit à la négation même de l'impôt en matière de succession *ab intestat*. D'après M. Manzano (1), ce serait les héritiers siens, mais comme les cagnats sont assimilés aux héritiers siens, pourquoi faire entre ces deux classes d'héritiers une distinction au point de vue de l'impôt ? Aussi M. de Serrigny entend-il par proches parents les héritiers siens et les cagnats. Il s'appuie sur cette idée que les héritiers siens et les cagnats devaient être plus favorisés que les étrangers; car ils devaient supporter les frais de l'entretien du culte de la famille qui étaient fort onéreux tandis que les étrangers recueillaient la succession *sine sacris*. Il s'appuie en second lieu sur un passage de Pline le jeune ainsi conçu : « *Vicesima tributum tolerabile et facile heredibus extraneis, domesticis grave. Itaque illis irrogatum est, his remissum. Videlicet quod manifestum erat, quanto cum dolore laturi, seu potius non laturi homines essent, distringi aliquid et abradi bonis quæ sanguine, gentilitate, sacrorum denique societate meruissent, quæque nunquam ut aliena et speranda, sed ut sua semperque possessa ac deinceps proximo cuique cepissent. (2) »* J'admettrai cette opinion en m'appuyant sur les raisons données par M. de Serrigny, mais je lui donnerai une plus grande extension, et je classerai parmi les héritiers exempts de l'impôt, les *gentiles*. J'invoque à mon appui le texte précité de Pline le jeune qui fait expressément mention de la gentilité. D'après moi par conséquent, l'impôt ne frappait que les cognats ; il n'atteignait que les biens qui passaient d'une famille dans une autre.

D'autres opinions ont encore été émises. D'après l'une (3), il faudrait entendre par proches parents, les cognats exceptés par la loi Furia, c'est-à-dire les cognats des six premiers degrés et au septième les enfants des petits cousins. Cette opinion n'est pas en rapport avec les tendances du législateur romain qui voulait protéger la famille civile plutôt que la famille naturelle. D'après M. de Valroger, les proches parents seraient les *decem personæ* que le préteur appelait à la possession de biens avant le

---

(1) Manzano. c. 23.
(2) Panegyr. c. XXXVII, 2.
3) Klenze: *Savigny's zeitschrift*. t. VI p. 60-67.

*manumissor* étranger. Je ferai à cette opinion, la même objection qu'à celle de Burmann ; comme celle-ci, elle rend la *lex vicesima heredilatum* inapplicable en matière de succession *ab intestat*.

Des difficultés devaient se présenter dans l'application de la *lex vicesima*. Je suppose qu'un pérégrin mourait laissant comme héritiers des personnes qui par le bénéfice du prince ou par tout autre moyen étaient en possession du droit de cité. La succession s'ouvrait ; l'impôt était-il dû ? Non, car la succession était régie d'après les lois particulières au pays *du de cujus* ; celui qui la recueillait, n'était pas un *heres* aux yeux de la loi romaine ; la *lex vicesima* qui n'avait en vue que les hérédités dévolues conformément aux principes romains, ne lui était donc pas applicable. Il est inutile de prévoir l'hypothèse inverse, celle où un romain en mourant aurait laissé un pérégrin comme héritier ; on sait en effet que les pérégrins étaient incapables de recueillir en vertu d'un titre testamentaire ou même *ab intestat* une hérédité laissée par un citoyen romain.

Au moment où la *lex vicesimâ hereditatum* fut portée, tous ceux qui étaient appelés à une hérédité en vertu d'une *bonorum possessio* et qui ne pouvaient invoquer la qualité d'*agnat*, devaient acquitter l'impôt, alors même qu'ils étaient attachés au défunt par les liens du sang les plus étroits. Ainsi étaient soumis à l'impôt : 1° Tous les parents par les femmes. 2° Les collatéraux *per masculos*, lorsqu'une *minima capitis deminutio* avait brisé le lien civil qui les attachait au défunt 3° Les ascendants et descendants *per masculos* qui se trouvent *in adoptivâ familiâ* au jour de la mort de leur descendant ou ascendant naturel. 4° Les *agnatæ non consanguineæ* qu'une jurisprudence postérieure aux douze tables excluait de la succession légitime des *agnats*. 5° Les enfants *vulgo quæsiti* vis-à-vis de leurs mères. Nous verrons que cette jurisprudence rigoureuse s'adoucit au bout de quelques siècles, lorsque le préteur eut modifié le système de succession établi par les douze tables et substitué, aux liens fictifs de l'agnation, les liens réels de la parenté naturelle.

Le taux de l'impôt était du vingtième des valeurs héréditaires, soit 5 %. On le calculait sur l'actif net et non sur l'actif brut.

Ainsi, on déduisait les frais funéraires qui comprennent le prix des onguents qui ont servi à embaumer le corps, le prix du terrain où il a été enseveli, celui du sarcophage et des funérailles (1). Les fermiers de l'impôt du vingtième avaient à apprécier si ces frais n'étaient pas excessifs ; ils exerçaient, dans ce but, une certaine surveillance sur les funérailles de tout citoyen.

On appliquait probablement ici les règles suivies pour l'action *funeraria* (2).

Fallait-il également déduire les dettes héréditaires et la valeur des esclaves affranchis ? Burman et de Serrigny sont de cet avis ; ils invoquent le § 3 de *leg. Falc. aux Institutes* et les raisons d'analogie qui existent entre la *lex vicesima* et la *quarte falcidie* (3).

D'après Hushke (4), il ne fallait pas non plus faire entrer en ligne de compte les fonds provinciaux. Il invoque à son appui le but de la loi qui était de faire peser sur les fonds italiques un impôt équivalent au *tributum* que payaient les provinces : si tel était le but de la loi, dit-il, la *lex vicesima* devait rester étrangère aux fonds provinciaux. Bachofen combat cette opinion (5) ; il pense que le *tributum* et l'impôt du vingtième pouvaient se concilier parfaitement ; le premier pesait sur le revenu, le second sur le capital ; il suffisait, par conséquent, de déduire de la valeur totale du fonds provincial le taux du *tributum* et calculer l'impôt du vingtième sur la valeur restant. Je préfère, néanmoins, me ranger à l'opinion de Hushke, car il me semble qu'avant tout c'est le but même de la loi qui doit en déterminer la portée.

Une difficulté s'élève quand il s'agit d'appliquer la *vicesima* aux legs de pensions viagères et d'usufruit. Burman tranche la difficulté en déclarant que ces sortes de dispositions étaient exemptes de l'impôt et que, par conséquent, on devait les déduire de l'hérédité avant de former le capital sur lequel se prélevait le vingtième. Il se fonde sur la loi 68 *ad. leg. Falc.* Or,

---

(1) Dig. l. 37 de religiosis, XI. VII.
(2) Dig. l. 14 § 6   id.     id.
(3) L. 68 et 89 ad leg. Falc.
(4) Uber den census und die Steuerverfassung 74 n° 157.
(5) Ausgewahlte Lehren (Bonn. 1848).

je ne sais vraiment quel argument il peut tirer de ce texte, qui décide précisément le contraire, puisqu'il établit un tarif servant de base à la perception de l'impôt en matière de legs d'usufruit. Si ce texte figure au titre de la loi Falcidie, c'est que Tribonien a transporté à la falcidie ce que Macer avait dit pour la *vicesima* (1).

Pour évaluer les legs de pension viagère ou d'usufruit, les jurisconsultes romains avaient établi un tarif assez compliqué qui nous est rapporté par le jurisconsulte Æmilius Macer dans la loi précitée. Mais la pratique adopta un compte plus simple. D'un an à trente ans, la durée présumée de la vie du légataire était de trente ans et l'impôt était fixé sur le pied de ces trente années de jouissance. De trente à soixante ans, elle était égale à la différence entre l'âge du légataire et le nombre soixante : on comptait les années que le légataire avait encore à parcourir avant d'arriver à cette dernière époque. Si donc il avait 35 ans, la durée présumée qui lui restait à vivre était de 25 ans ; s'il avait 40 ans, elle était de 20 ans et ainsi du reste, de manière toutefois que la durée présumée ne fût pas au-dessous de 5 ans, lorsque le légataire avait dépassé 55 ans. Au-delà de 60 ans, la présomption était aussi de 5 ans.

Si l'usufruit avait été légué à une personne morale, l'impôt était fixé au maximum de trente années de jouissance.

Une fois qu'on avait évalué la valeur de la fortune du défunt, on estimait à leur tour les diverses parts de la succession ou les différentes dispositions testamentaires, afin de répartir l'impôt dû par la succession entière entre les divers héritiers et légataires. Si la succession s'ouvrait *ab intestat*, comme tous les héritiers avaient des titres égaux, ils devaient payer eux-mêmes, entre les mains du procurator, la partie de l'impôt qui correspondait à la part qu'ils prenaient dans la succession. Si la succession était testamentaire, l'héritier institué payait l'impôt dans son intégralité ; quand il faisait ensuite la délivrance des legs, il retenait, sur le montant de chacun d'eux, la part d'impôt qui lui était afférente. J'appuie mon opinion sur les deux inscriptions

______

(1) Cujus. obs. IX. 2. 4.

suivantes, qui présentent comme exceptionnel le cas où un héritier avait acquitté les legs sans déduire l'impôt :

*P. Numerius. Martialis. Astigitanus. Seviralis. Signum. Panthei. Testamento. Fieri. Ponique. Ex. Argenti. Libris. C. Sine. Ulla. Deductione. Jussit* (1).

*Cæcilio. Trophime. Statuam. Pietatis. Testamento. Suo. Er. Arg P. C. Suo : Et. Cæcilii. Siloni . Mariti. Sui. Nomine. Pont. Jussit D. Cæcilius. Hospitalis. Et. Cæcilio. D. F. Materna. Et. Cæcilia. Philete. Hæredes. Sine. Ulla Deductione. XX. Posuer* (2).

On a prétendu qu'une exemption existait au profit des temples des dieux et des personnes morales qui recueillaient un legs fait *ad pias causas* (3). L'impôt, a-t-on dit, devait en pareil cas être acquitté par l'héritier et non plus par le légataire. On se fonde sur les deux inscriptions que je viens de mentionner. « Nous voyons dans ces deux inscriptions, dit M. de Valroger, que l'héritier a érigé une statue pour obéir à la vo'onté du testateur et il y est dit qu'il l'a fait sans aucune déduction du vingtième, *sine ulla deductione*. On a vu là une formule de style pour tous les legs de cette nature et on en a conclu qu'ils étaient exempts de l'impôt. Il est facile d'apercevoir qu'au contraire il s'agit de deux cas exceptionnels. Dans l'un l'héritier n'a fait qu'exécuter la volonté du testateur qui lui avait ordonné d'ériger la statue sans retenir le montant de l'impôt ; dans l'autre c'est une libéralité qu'il fait volontairement en acquittant le legs sans déduire l'impôt. Le soin qu'on a pris de dire que le vingtième n'avait pas été déduit, prouve évidemment qu'en principe l'héritier était autorisé à le retenir et que par conséquent il avait eu à le payer. »

Le paiement de l'impôt se faisait entre les mains des *procuratores hereditatum*. C'étaient des fonctionnaires impériaux, salariés par l'Etat et comptables de leur gestion aux censeurs. Dans chaque région de l'Italie et, à partir de Caracalla, dans chaque province il y avait une caisse et un bureau, appelés *stationes*, tenus par

---

(1) Gruter. I 5.

(2) Manzano, p. 82.

(3) Bouchaut. De l'impôt du vingtième sur les successions, p. 69. — Paris 1766.

un *procurator*. Il y avait, par exemple, un *procurator XX heredi-tatum* pour la Pamphylie, la Lycie, la Phrygie, la Galatie et les îles Cyclades (1), pour l'Espagne citérieure (2), pour la Gaule Narbonnaise et l'Aquitaine (3), pour la Gaule Lyonnaise et Belge et les deux Germanies (4). En Italie on comptait un *procurator* pour la Campanie, l'Apulie et la Calabre (5) et un autre pour l'Ombrie et le Picenum (6)  A Rome le *procurator* portait un nom spécial; il s'appelait *procurator in urbe magister XX;* c'était proba-blement le préposé d'une caisse centrale. A côté des *procuratores* il y avait des commis subalternes appelés *tabularii* (7), *tabelliones, adjutores tabulariorum, commentarii* (8), *dispensatores* (9), *villici* (10), *arkarii* (11).

Aussitôt qu'une succession s'ouvrait, les *procuratores* chargés de la perception de l'impôt, en avaient facilement connaissance. S'il s'agissait d'une succession testamentaire, on savait que le testament devait être déposé entre les mains du magistrat qui l'ouvrait; ensuite il était déposé dans les archives où il était permis au public d'en prendre connaissance. Afin de faciliter au plus tôt le recouvrement de l'impôt, la *lex vicesima* avait même exigé que l'ouverture du testament eût lieu immédiatement après la mort du testateur; des rescrits avaient interprété diversement cette disposition, les uns fixant un délai de trois jours, les autres un délai de cinq jours (12). Le digeste accorde en sus aux absents un délai d'un jour par vingt mille de distance (13).

(1) Muratori, 695. I.
(2) Gruter, 590, 9.
(3) Gruter, 493, I.
(4) Gruter, 389, 2.
(5) Muratori, 513, 2.
(6) Gruter, 411, 1.
(7) Orelli, 3, 832.
(8) Gruter, 590, 9.
(9) Fabretti, 37, 189.
(10) Fabretti, 86, 178.
(11) Fabretti, 81, 181.
(12) Paul sent. lib. IV, t. VI de *vicesima*.
(13) L. 154 de verb. signif.

— 34 —

S'il s'agissait d'une succession *ab intestat*, la publicité était
tout aussi grande ; car, sans s'arrêter à cette circonstance que
dans une ville comme Rome ou même dans les provinces, la
mort d'un citoyen romain ne pouvait rester inaperçue, il y avait
toujours des agents spéciaux appelés *delatores* qui, dans l'espé-
rance d'une rémunération proportionnée à l'importance de leur
dénonciation, avaient pour mission de faire connaître au fisc soit
les hérédités vacantes, soit les impôts qui pouvaient lui être dûs.

Si une contestation s'élevait sur la valeur des biens héréditaires, il était défendu aux employés chargés de la perception de
transiger sans l'autorisation du prince (1). A ce point de vue les
*procuratores hereditatum* jouissaient d'une autorité moins grande
que les *vicesimarii* qui, nous le savons, avaient plein pouvoir pour
fixer à leur guise la valeur de l'esclave affranchi. Toute contestation devait donc être tranchée par jugement des *recuperatores*,
et les jugements qui condamnaient à payer emportaient, s'ils
n'étaient pas exécutés dans le délai de grâce (*tempus induciarum*)
l'intérêt de la *centesima*, c'est-à-dire 12 pour cent par an (2).

Les *procuratores* avaient pour recouvrer le montant de l'impôt,
une action spéciale. C'était, nous dit Gaius (3), une action fictive
imitée d'une des actions de la loi *la pignoris capio*. Cette action
avait certains avantages spéciaux, tels que la prise de possession.

Le produit de l'impôt sur les successions n'était pas versé dans
le trésor public. Il appartenait à une société de publicains à
laquelle il était affermé tous les cinq ans. A la tête de cette
société se trouvaient des directeurs et sous-directeurs appelés
*magistri* et *pro magistri XX hereditatum* (4). On n'est pas d'accord
sur la nature des fonctions attribuées à ces derniers.

D'après une opinion, l'impôt était levé en Italie par les publicains, dans les provinces par les *procuratores :* ces deux classes
de fonctionnaires s'excluaient réciproquement. Cette opinion ne

(1) Dig. 1. 13 de transact.
(2) C. 1. 1 de usur. rei jud.
(3) Gaius, IV, § 32.
(4) Pline, panegyr. c. 57 et 40. — Testament des Dasumius dans *Savigny's
zeitschrift.* XII, p. 388. Gruter, p. 426, n° 5 ; p. 454, n° 8.

peut être admise puisque les inscriptions montrent des *procuratores* en Italie. D'après Rudorff il n'y aurait eu de publicains qu'à Rome ; en Italie et dans les provinces l'impôt aurait été levé directement par des officiers impériaux. Cette opinion ne vaut encore rien puisqu'il est prouvé par les inscriptions (1) qu'à Rome les *procuratores* existaient à côté des publicains. Pourquoi dès lors n'en aurait-il pas été de même en Italie et dans les provinces ? Le seul moyen, à mon avis, d'expliquer pourquoi à côté des publicains il y avait toute une hiérarchie de fonctionnaires est celui-ci : Les publicains et les *procuratores* existaient les uns à côté des autres ; les premiers affermaient l'impôt, mais ils n'avaient pas le droit de s'occuper de sa perception ; ce soin avait été réservé aux seconds par mesure de protection pour les citoyens. Ce système était analogue à celui que nous retrouverons dans notre ancien droit, où certains fermiers généraux recueillaient le produit des impôts affermés sans avoir le droit de le percevoir directement par eux-mêmes.

Les publicains qui affermaient le produit de la lex *vicesima*, étaient soumis aux obligations communes à tous les publicains. Ainsi, tous leurs biens présents et futurs étaient tacitement engagés à l'État ; ils devaient aussi fournir caution. Mais, à ce dernier point de vue, la lex vicesima contenait une disposition spéciale, motivée par l'intérêt du trésor : elle permettait à toute caution de s'obliger pour le même débiteur envers le même créancier, dans la même année, au-delà de la somme fixée par la loi Cornelia (2).

§ 2 DE L'IMPÔT DES SUCCESSIONS SOUS LES SUCCESSEURS D'AUGUSTE.

Nerva apporta la première modification à la *lex vicesima hereditatum*. Nous avons vu que cette loi avait exempté de l'impôt certains proches parents ; nous avons vu aussi que pour jouir de

---

(1) Testament de Dasumius. *Savigny's zeitschrift*, t. XII, p. 394.
(2) Gaius III § 124 et 125.

cette exemption, il fallait être uni au de cujus par les liens de l'agnatio Il en résultait que les simples cognats étaient assujettis à l'impôt. Ce résultat fâcheux était lui-même la conséquence du système de succession admis à cette époque; mais lorsque par l'introduction des *bonorum possessiones*, le préteur eut remanié ce système, en substituant à sa base la parenté naturelle, il fallut aussi songer à mettre la *lex vicesima* d'accord avec ces réformes. Nerva le comprit et introduisit deux innovations. Jusqu'à lui, quand un pérégrin ou un latin arrivait au droit de cité, il restait néanmoins assujetti à l'impôt, à moins qu'un privilège ne lui eût conféré les droits de famille. Il en était de même pour les familles d'esclaves gratifiées de la liberté. La concession du droit de cité ne faisait pas, en effet, que le *connubium* eût existé entre le père et la mère; par conséquent, il ne pouvait jamais exister entre eux et leurs enfants la parenté civile, qui seule était dispensée par la loi Julia. Cette situation avait fait donner à cette catégorie de citoyens le nom de *novi cives*. Nerva établit que dans ces différentes hypothèses, les enfants succédant à leur mères et les mères succédant à leurs enfants ne payeraient pas le vingtième, quoique l'acquisition du titre de citoyens romains n'eût pas créé entre eux les liens de l'agnation. Il décida de même pour les fils qui succéderaient à leur père, pourvu que l'empereur leur eût accordé la *redactio in patriam potestatem* en même temps que le droit de cité (1).

Trajan continua et étendit les réformes de son père adoptif. Dans l'hypothèse précédente, il retrancha la condition mise par Nerva : *si modo reductus esset in patriam potestatem*, et décida que le fils serait toujours dispensé de l'impôt Le même bénéfice fut accordé au père succédant à son fils, puis au frère succédant à sa sœur et réciproquement, enfin au petit-fils ou à la petite-fille succédant à leur aïeul ou aïeule et réciproquement (2).

Adrien fit un pas en arrière. Il rétablit par un édit la condition mise par Nerva, suivant laquelle les enfants des *novi cives* devaient

---

(1) Pline, panégyr. 37.
(2) Pline, panégyr. 88 - 89.

être soumis à la *patria potestas* pour être dispensés de la *vicesima* par rapport à la succession de leur père. Il ajoutait même que la *redactio in patriam potestatem* n'aurait lieu qu'en connaissance de cause après mûr examen, surtout lorsqu'il s'agirait d'enfants impubères et absents (1). Dans la seconde partie du même édit, il imposait, à peine de déchéance, à l'héritier testamentaire l'obligation de se faire envoyer en possession dans l'année quoique le testament fut attaqué comme faux, nul ou rompu (2). Comme la perception de l'impôt se faisait au moment de l'envoi en possession, il arrivait souvent qu'elle était soumise à des retards fâcheux, à cause de procès qui s'élevaient sur la validité du titre de l'héritier. Adrien coupa court à cet inconvénient. Non-seulement il permit à l'héritier de se faire envoyer en possession, alors même que le testament serait attaqué, mais il défendit encore, sous peine d'une amende de vingt livres d'or, tant contre la partie que contre le juge, d'interjeter appel du jugement d'envoi en possession de l'héritier institué (3).

Caracalla aggrava l'impôt sur les successions à un quadruple point de vue. Par la concession du droit de cité qu'il fit à tous les sujets de l'empire, il augmenta considérablement le nombre des contribuables; les dispenses qui, jusqu'alors avaient été accordées à raison de la parenté, furent abolies; le taux de l'impôt fut porté du vingtième au dixième; enfin, les donations entre-vifs qui jusqu'alors avaient été dispensées de l'impôt, furent assimilées aux legs et aux donations à cause de mort. A partir de Caracalla, nous rapporte Dion Cassius, le dixième fut exigé : ὑπὲρ δωρεᾶς πάσης

A l'exception du taux du dixième que Macrin ramena à sa valeur primitive, toutes ces innovations de Caracalla durent subsister sans changement jusqu'au moment où l'impôt disparut. Quel fut ce moment? Il est impossible de le préciser.

Il est toutefois certain que l'impôt sur les successions subsistait encore à l'époque de Dioclétien (4).

---

(1) Gaius I § 93.
(2) Paul sent III, V. 17. — Cod. l. 3 de edict. div. Hadr.
(3) Cod. Th. l. 26 quor. appell. non recip. — L. ult. de testam.
(4) Orelli t. I, N° 1065.

Pareillement une inscription rapportée par Gruter (1) nous montre qu'il existait encore au temps de l'empereur Valens; elle fait mention d'un certain Vocontius qui, à cette époque, était *procurator XX hæreditatum*. D'après Alciat (2), il aurait été supprimé par l'empereur Gratien; il se fonde sur un texte d'Ausone (3), dans lequel l'auteur félicite Gratien d'avoir surpassé en générosité Trajan et les Antonins. Alciat conclut de ce texte que si Gratien avait surpassé Trajan et les Antonins qui avaient allégé l'impôt sur les successions , c'est qu'il l'avait aboli tout-à-fait.

Cette conclusion est un peu hasardée, d'autant plus, fait remarquer M. de Valroger, qu'il s'agit dans ce texte de remises d'arriérés d'impôts en général, et rien ne prouve qu'il y soit question de la *vicesima hæreditatum* en particulier.

M. de Serrigny pense que la *lex vicesima* n'a été définitivement abolie que par Justinien. Il se fonde sur une constitution de l'empereur Justin (en 524) qui contient une distinction entre les hérédités riches et les hérédités pauvres; cette distinction lui semble être relative à l'exemption de la *vicesima* accordée aux successions pauvres (4). Il invoque encore le Code Théodosien, qui maintient la disposition de l'édit d'Adrien défendant d'appeler de l'envoi en possession. Cet édit n'a été abrogé que par Justinien (5), et la mention que cet empereur fait de l'abolition lui paraît devoir s'entendre d'une abrogation faite par lui. On peut, à cette opinion de M. de Serrigny, qui invoque à son appui l'autorité de Cujas (6), faire deux objections : à son premier argument, il suffit de répondre que la constitution de Justin semble avoir eu trait, non pas à l'impôt sur les successions, mais à d'autres matières pour lesquelles il était aussi tenu compte de l'importance de la succession. Au second argument j'opposerai le motif même qu'invoque Justinien pour justifier l'abrogation de

(1) Gruter p. 286, 4.
(2) Alciat lib. III. Dispunct. cap 6.
(3) *Auson. ad Gratian. Imperat. disciputum grat. act. proconsul* N° 406.
(4) Cod. l. 23 de testam. — Inst. § 3 de succ. libert.
(5) Cod. l. 3 de edicto divi Had. tollendo.
(6) Cujas, ad legem 17 de verb. signif. Dig.

l'édit d'Adrien. Il abolit cet édit, déclare-t-il, parce que l'impôt du vingtième auquel il se rattache a disparu, « *quia et vicesima hæreditatis ex nostra recessit republica.* » Il me semble qu'en présence de termes aussi catégoriques, on ne peut soutenir que l'impôt du vingtième existait encore au temps de Justinien. Il est vrai que plus loin le même empereur semble s'attribuer le mérite de cette abolition, mais il ne faut pas oublier qu'il avait l'habitude de revendiquer cet honneur pour beaucoup d'innovations dont il n'était pas l'auteur.

Je crois que l'impôt sur les successions n'a pas été l'objet d'une abrogation expresse. Il est tombé peu à peu en désuétude à cause des difficultés de sa perception et surtout à cause de la substitution de l'impôt direct aux impôts indirects. Et s'il faut donner à cette abrogation tacite de la *lex vicesima* une époque approximative, je serais tenté, avec M. de Valroger, de la placer au temps où les barbares s'établirent sur les ruines de l'empire romain. La *vicesima* eût-elle encore existé à cette époque, dit M. de Valroger, elle ne se serait pas maintenue, puisque tout le régime fiscal de l'empire fut alors bouleversé.

# CHAPITRE IV.

---

## DROITS DE MUTATION SUR CERTAINES VENTES

Les Romains n'ont pas eu, comme nous, tout un système de droits perçus sur les mutations. Quelques mutations seulement furent soumises à une taxe ; déjà nous avons vu l'impôt qui frappait les successions. Il nous reste à parler des droits qui étaient perçus à l'occasion de certaines ventes.

Les commentateurs modernes ont désigné ces droits sous le nom de droits sur les objets de consommation ; mais cette dénomination ne correspond pas à celle du droit romain qui les désignait sous le nom de *vectigalia rerum venalium*. Cette dernière dénomination est plus générale que la première ; nous verrons, en effet, que non seulement les ventes de denrées et autres objets de consommation, mais encore les ventes aux enchères d'esclaves et de meubles étaient assujetties à un impôt.

Chose remarquable. Tandis que chez nous les droits de mutation ne frappent guère que les propriétés immobilières, à Rome celles-ci en étaient exemptes, et les objets mobiliers seuls y étaient assujettis. La raison de cette différence est toujours la même. Comme à Rome, la propriété foncière était déclarée par les lois exempte de tout impôt, on ne pouvait la soumettre même à une taxe indirecte sans violer cette immunité, qui était considérée comme un principe fondamental de la société romaine.

Déjà, quand il s'était agi de mettre un impôt sur les successions, nous savons, d'après Dion Cassius (1), combien d'obstacles Auguste dut surmonter et à combien de ruses il dut recourir pour faire accepter son projet. Ni lui, ni ses successeurs n'osèrent pour le moment aller plus loin, et c'est pourquoi les mutations d'immeubles restèrent affranchies de tout impôt, tandis qu'ils soumirent à une taxe les ventes d'objets mobiliers.

Le *vectigal rerum venalium* fut établi par Auguste après les guerres civiles. Il frappait trois classes de marchandises : les denrées et autres objets de consommation (*edulia*), les meubles vendus à l'encan et aux enchères publiques, les esclaves. Des règles spéciales régissaient chacune de ces ventes.

La vente des denrées et autres objets de consommation n'était soumise à l'impôt que dans l'intérieur de Rome ; encore fallait-il qu'elle eût lieu dans les foires ou dans les marchés publics. Sans doute, l'impôt se retrouvait dans un grand nombre de villes et de provinces, mais il y avait le caractère de taxe municipale, soumise à des règles particulières à chaque pays.

La taxe était du centième de la valeur de la marchandise vendue, et cette valeur était fixée par un tarif pour chaque espèce de marchandises. Ce tarif finit par tomber en désuétude et la valeur des marchandises fut un moment fixée arbitrairement par le percepteur ; cette taxation entraînait des contestations fréquentes entre le marchand et les percepteurs. Pour les prévenir, Marc-Aurèle fit rétablir l'ancien tarif. Une inscription rapportée dans Orelli (1) mentionne le rétablissement de ce réglement.

Des agents spéciaux étaient chargés de la perception de la taxe. On les appelait *macellarii*. Le droit était perçu à l'entrée du marché, dans un bureau établi à cet effet, et il n'était pas dû d'indemnité pour les marchandises qui en sortaient sans avoir été vendues. C'était là, en un mot, un véritable octroi avec cette particularité qu'au lieu de se prélever aux portes de la ville, il était perçu à l'intérieur. Cette combinaison était peu ingénieuse, et donnait lieu en pratique à mille exactions et à mille fraudes. Le produit de l'impôt était affermé aux publicains.

(1) Dio Cassius, LV, 24, 25. — LVI, 28.
(1) Orelli select. inscr. N° 3347.

« Il n'y eût pas à Rome, dit Pline le Jeune, d'impôt plus lourd
« et plus odieux que l'impôt sur les consommations, parce qu'il
« pesait sur les pauvres. Aussi, le cri du peuple s'éleva-t-il
« contre les princes, jusqu'à ce qu'on eût allégé la taxe sur ces
« denrées. » (1) Tibère résista aux instances du peuple qui
demandait son abolition; il se contenta, après la réunion du
Cappadoce à l'empire, de diminuer le taux de la taxe, qu'il porta
du centième au deux-centième (2). Ceci se passait en 770, du
vivant de Séjan, mais en 784, après la mort de ce dernier, alors
que Tibère était, dit Dion Cassius, devenu très-avide d'argent,
il s'empressa de rétablir l'impôt au centième. On suppose, néanmoins, qu'il exempta de tout impôt le blé, le vin et l'huile; ce
n'était que logique à une époque où les empereurs commençaient
à prendre l'habitude de faire gratuitement de grandes distributions de blés et autres denrées. Caligula se montra plus
inflexible encore; non-seulement il demeura sourd aux prières
du peuple, il alla jusqu'à décider que l'impôt se percevrait même
sur les marchandises vendues de gré à gré ailleurs que dans les
marchés publics. L'impôt donnait alors lieu à un véritable exercice plus insupportable encore que chez nous parce qu'il était
plus général et soumettait tous les particuliers à des visites
arbitraires. Les difficultés de la perception obligèrent, du reste,
son successeur à revenir à l'ancien système. Il est même probable
que le tarif fut adouci sous Néron, et reporté une fois encore,
pour combien de temps, on ne le sait, au deux-centième. C'est
en ce sens du moins qu'on interprète une médaille en grand
bronze de Néron, appartenant au cabinet de la Bibliothèque
nationale (3).

A une époque que nous ne saurions préciser, l'impôt sur les
objets de consommation tomba en désuétude; les empereurs
Théodose et Valens le rétablirent sous le nom de *siliquaticum*.
Dans tous les marchés dont les jours et emplacements furent
désignés, la vente de toute denrée entraînait un sol pour le fisc,

----

(1) Pline XIX, 19.
(2) Tacite : annal. I, 78 — II, 42.
(3) Dureau de la Malle. — *Économie politique des Romains.*

dont moitié à charge du vendeur et moitié à charge de l'acheteur. Le percepteur était appelé *siliquataire*. L'impôt subsistait encore au temps de Justinien; différentes lois insérées au digeste et au code en font mention (1).

Parmi les substances alimentaires, il en est une qui faisait l'objet de réglements particuliers. Je veux parler du sel.

Sous les rois, la vente du sel était libre. Certaines salines seulement appartenaient à l'État; c'étaient celles que Romulus avait enlevées aux Veïens à l'embouchure du Tibre, dans un endroit appelé aujourd'hui Campo di Saline, et celles que Ancus Martius fit creuser. Le produit de ces salines servait aux usages publics; sous la royauté d'Ancus Martius, il fut même fait aux citoyens romains une distribution de six mille minots de sel : premier exemple de ces libéralités qu'on nommait *unjiaria* (2).

Sous la république, le gouvernement se réserva le monopole de la vente du sel (3). Il agissait, non pas tant dans un intérêt fiscal, que dans le but de mettre fin aux accaparements qui dans la période précédente, avaient porté le sel à des prix exagérés. Les propriétaires des salines conservèrent le droit de fabrication, mais il leur fut défendu de vendre directement le sel aux citoyens; ils devaient le vendre aux employés de l'État. Cette prohibition impliquait celle d'introduire à Rome et en Italie du sel étranger. Le prix du sel vendu par les employés de l'État, était fixé par les censeurs, et variait suivant les localités (4). On vit même un censeur, Livius, qui reçut le nom de *salinator* pour avoir élevé le prix dans la circonscription d'une tribu, dont le vote lui avait été défavorable. Ce surnom donné à Livius qui était censeur en 548, a fait croire à Dureau de La Malle que ce censeur fut l'auteur de l'impôt sur le sel. C'est là une erreur. A cette époque, il n'y avait pas sur le sel un impôt proprement dit, mais une taxe municipale, analogue à celles que nous trouvons

(1) Dig l. 17 de verb. sign. — C.l. 1 de veteranis. — l. 4 de proxi sacr. scrin.
(2) Pline lib. 3, cap. 1.
(3) Tite-Live II, 9.
(4) Tite-Live XLV, 29. — XXIX, 37. — Cicéron, Manil. 6.

dans la plupart de nos cités pour les denrées alimentaires. Au bout de combien de temps le tarif fixé par les censeurs dégénéra-t-il en véritable impôt pour le peuple ? C'est ce qu'il est impossible de dire, puisque nous ne connaissons pas et, par conséquent, ne pouvons comparer les différents tarifs qui ont dû exister aux différentes époques de la république. Il est permis néanmoins de supposer qu'il y eût sur le sel un véritable impôt, à partir du jour où les salines, qui appartenaient à l'État, furent données à bail à des adjudicataires. Du moment que l'État affermait ses salines, c'est qu'il voulait s'en faire une source de revenus. La première adjudication eut lieu pendant les dernières guerres de la République (1). A ce moment, la plupart des salines étaient devenues la propriété de l'État, et ses agents cherchaient à en faire avant tout un instrument fiscal ; ainsi Paul-Emile en organisant la province de Macédoine (585), commença par y établir l'impôt du sel (2). Ces salines étaient données à bail à des adjudicataires ; ces adjudicataires, appelés *mancipes*, exploitaient les marais salants qui appartenaient à l'État ; ils employaient, à cet effet, les criminels qu'une peine spéciale condamnait à ce travail, le plus souvent des femmes coupables. Ils fabriquaient le sel qu'ils en tiraient, et le livraient ensuite à la consommation privée, suivant le tarif fixé par le censeur dans le cahier des charges (3). Ils étaient de plus astreints à fournir chaque année en nature une quantité donnée de sel à l'État ; ce sel était distribué aux fonctionnaires impériaux, car l'usage était de leur payer une partie de leur traitement en nature, par exemple : en blé, vin, huile, sel, viande, bois, chevaux, etc.

A côté des marais salants appartenant à l'État et affermés par

----

(1) Tite-Live XXXIX, 87. — Pline H. N. XXXI, 7. (41)

(2) Tite-Live XLV, 29.

(3) L'inscription de Stratonicée, en 301, évalue le modius et demi de sel (13 litres) à 100 deniers, soit 2 fr. 50 ; ce qui donne pour le litre 19 centimes. En faveur des militaires un maximum était imposé aux marchands ; le sel ne pouvait être vendu au-dessus de 16 centimes le litre. Ces prix ont dû peu varier aux différentes époques de l'empire.

lui, il y avait des salines qui appartenaient à des particuliers.
Deux obligations particulières pesaient sur ces derniers; ils
étaient d'abord tenus, à l'exemple des propriétaires de mines,
de payer à l'Etat, en guise de redevance, le dixième du produit;
ils ne pouvaient en second lieu vendre le sel qu'ils fabriquaien
sans l'agrément des fermiers des salines publiques (1), sous
peine de confiscation du sel vendu et du prix payé par l'acheteur.
Ces salines privées étaient dans le commerce et pouvaient être
aliénées soit en propriété, soit en usufruit (2).

A la différence de la taxe sur les autres objets de consommation, l'impôt sur le sel pesait sur l'Italie et sur les provinces.
Déjà nous avons vu qu'aussitôt après la conquête de la Macédoine, Paul Emile établit l'impôt du sel dans cette province.
Solin (3) nous parle des salines d'Agrigente et une inscription
nous fait connaître les salines des Ménapiens dans les Gaules (4).
On trouve encore l'impôt du sel en vigueur en Syrie.

Dans les provinces les salines se trouvaient sous l'autorité du
gouverneur; celui-ci était compétent pour juger toutes les contestations qui s'élevaient entre les marchands et les particuliers,
entre les adjudicataires des salines publiques et les propriétaires
des salines privées. A Rome cette compétence appartenait
d'abord aux censeurs. Sous les successeurs de Constantin elle
fut attribuée au *comes sacrarum largitionum.*

A côté de l'impôt sur les objets de consommation, j'ai men-
tionné l'impôt sur la vente aux enchères publiques des meubles
et l'impôt sur la vente des esclaves. Ces deux impôts furent
également établis par Auguste. M. Dureau de la Malle a cependant attribué à l'établissement de l'impôt sur les ventes d'esclaves
une date de beaucoup antérieure; d'après lui la *lex Manlia*
aurait établi cet impôt en même temps que l'impôt sur les
affranchissements. Cette opinion est tout à fait contraire au texte

---

(1) Cod. 1. 11 de vectig.

(2) Dig. 1. 32. § 2 et 3 de usu et usufr. — 1. 5, § 1 de *rebus eorum qui
sub tut.*

(3) Solin cap. 5.

(4) Gruter MXCVI, 4.

de Dion Casius (1), qui dit positivement qu'Auguste, pressé
d'argent pour les besoins de la guerre et pour l'entretien des
gardes de la ville, institua un impôt du cinquantième sur la
vente des esclaves. M. Dureau de la Malte répond, il est vrai,
d'avance à cet argument en disant que l'impôt ayant été supprimé
de 693 à 760, Auguste ne fit que le rétablir. Cette assertion est
d'autant plus hasardée qu'il ne la fonde sur aucune preuve. Il
n'a pour lui aucun document ; bien au contraire, tous les textes
antérieurs au siècle d'Auguste qui font mention de l'impôt sur les
affranchissements, ne parlent pas de l'impôt sur la vente des
esclaves. La *lex Manlia* n'avait pas, du reste, été établie dans
un intérêt fiscal ; avant tout elle avait eu pour but d'écarter les
affranchis de la cité, et si accessoirement elle édictait un impôt,
ce n'était que comme moyen d'arriver à son but. Prétendre
qu'elle eut pour résultat de créer également un impôt sur les
ventes d'esclaves ce serait dénaturer l'esprit dans lequel elle a
été conçue. Dans cette loi, du reste, il n'était fait mention que
d'un impôt du vingtième ; or nous allons voir que l'impôt sur les
ventes d'esclaves était, non pas du vingtième, mais du cinquantième.

L'impôt sur les ventes de meubles n'était perçu que si la vente
avait lieu à l'encan et aux enchères, car les marchandises étaient
alors exposées, comme les denrées au marché, *proponebantur*.
Le tarif était du centième de la valeur des marchandises vendues.
La perception était faite par les *macellarii* au moment de la vente
dans les endroits destinés aux enchères publiques. L'impôt sur
les ventes d'objets mobiliers subit les mêmes phases que l'impôt
sur les objets de consommation. Il fut réduit au deux-centième
par Tibère, puis ramené à son taux primitif. Comme le premier,
il tomba en désuétude à une époque que nous ignorons et il fut
rétabli par la constitution de Valentinien sous le nom de *siliquaticum*.

Les esclaves étaient compris parmi les marchandises dont la
vente était taxée lorsqu'elle se faisait aux enchères publiques.
Il en résultait que l'impôt n'était dû que si la vente se faisait

______________

(1) LV, 31.

dans les marchés publics destinés à cet effet ; il n'était pas dû si
elle se passait de gré à gré entre deux propriétaires. Le tarif de
la taxe des ventes mobilières était graduée différemment sur le
prix des esclaves et sur celui des autres objets mobiliers. Tandis
que pour ceux-ci l'impôt était du centième de leur valeur, le droit
sur les ventes d'esclaves au début, du moins, était du cinquantième (1)  Peu après il fut porté au vingt-cinquième (2). Cujas (3)
pense que ce passage est corrompu et qu'il faut lire le cinquantième au lieu du vingt-cinquième, mais cette correction n'est
guère utile, car le tarif des impôts, à Rome comme ailleurs,
devait être essentiellement variable. Tacite rapporte que Néron
voulut faire semblant de remettre l'impôt du vingt-cinquième sur
les ventes d'esclaves ; il en déchargea l'acheteur auquel cette
charge incombait jusqu'alors, mais en déclarant que le vendeur
serait tenu de le payer ; en réalité l'impôt continuait à exister et
l'acheteur à le payer, en vertu des lois de la répercussion de
l'impôt : la seule différence était que l'acheteur, au lieu de le
payer directement au fisc, l'acquittait par l'intermédiaire du
vendeur.

L'impôt sur la vente des esclaves, limité au début à Rome et
à l'Italie, ne dut pas tarder à être rendu applicable dans les
provinces avec les progrès de la fiscalité. Nous n'avons cependant aucun texte ni aucune inscription qui prouvent cette extension. La perception se faisait par les *macellarii* ; le produit était
affermé en même temps que celui des ventes à l'encan. Le prix
de l'adjudication de même que le prix de l'adjudication de
l'impôt des denrées était versé dans l'*ærarium militare* établi par
Auguste.

Des immunités, applicables aux trois classes d'impôts que
nous venons d'examiner, furent accordées à certains individus.
La première fut accordée par Constantin aux vétérans (4) ; la
seconde par Théodose à certains employés de ses bureaux parti-

---

(1) Annal. l. I, c. 78.
(2) Tac. annal. XII, 31.
(3) Obs. lib. VI, c. 28
(4) Cod. l. 1. de *veteranis*.

culiers (1). Toutes les denrées et marchandises assujetties au *venalitium* leur étaient vendues sans charge d'impôt. Une exemption analogue fut concédée aux soldats en activité de service par une loi des empereurs Valentinien, Théodose et Arcadius. Auparavant l'Etat fournissait aux soldats les vivres en nature: il leur paya à cette époque leur nourriture en or, et les exempta du *venalitium*; il fixa même un maximum en leur faveur; toutes les denrées alimentaires leur étaient vendues d'après un tarif spécial.

_______________

(1) Cod. l. 4 de prox. sacr. scrin.

# CHAPITRE V.

---

## DES DOUANES.

Les Romains n'ont jamais eu un système de douanes organisé comme le nôtre. Tandis que chez nous les douanes sont établies autant dans un but de protection pour l'industrie nationale que dans un intérêt fiscal, chez les Romains elles ne furent jamais considérées que comme moyens de revenus. On ne chercha pas à en faire un système protecteur. La raison est simple. Les Romains dédaignaient trop le commerce et l'industrie pour chercher à les faire fleurir chez eux ; bien loin de les encourager, ils faisaient des lois qui leur suscitaient des entraves. Denys d'Halicarnasse (1) rapporte que d'après les lois de Romulus et de Servius tous les métiers, le commerce, le colportage, étaient déclarés honteux ; ils étaient abandonnés aux étrangers, aux esclaves et expressément interdits aux citoyens romains, auxquels on ne laissait que deux emplois, l'agriculture et les armes. L'opinion publique était sur ce point d'accord avec les lois : « On regarde comme bas et sordides, disait Cicéron (2), les

---

(1) Antiquités romaines, II, p. 99.
(2) De officiis, I, 42.

métiers de ceux qui achètent des marchands en gros pour revendre en détail ; ils ne gagnent qu'à force de mentir, et rien n'est plus honteux que le mensonge. Tous les ouvriers en général exercent une profession vile et sordide ; il ne peut sortir rien de noble d'une boutique ou d'un atelier..... Le petit commerce est regardé comme une profession sordide ; le commerce en grand n'est pas extrêmement blâmable surtout si, bornant son avidité pour le gain, il consacre à la terre et convertit en biens fonds des capitaux acquis sans déloyauté. » En fait, du reste, le commerce de Rome était tout-à-fait insignifiant ; il ne pouvait suffire aux besoins de la population, et dès lors il n'était pas question de mettre des entraves à l'importation des produits étrangers nécessaires à sa subsistance. Comme on ne connaissait pas ce que nous appelons la balance du commerce, on se mettait peu en peine de savoir si les importations surpassaient les exportations, ou si les exportations surpassaient les importations. Aussi longtemps que l'agriculture fut florissante, Rome put solder avec ses produits agricoles les objets de luxe qu'elle achetait dans l'Etrurie, à Cœré, Populonia et Capoue. Mais peu à peu les Romains abandonnèrent l'agriculture pour la guerre, et au moment même où les richesses acquises par la conquête introduisaient chez eux l'amour du luxe, ils ne purent plus payer avec des marchandises d'échange les objets achetés à l'étranger. Dans ses transactions avec les pays celtiques, la Grèce, la Syrie, l'Egypte, Cyrène et Carthage, la balance commerciale s'établissait toujours au désavantage de Rome ; car, à l'exemple de cette île dont parle Fr. Bastiat (1), Rome achetait beaucoup et ne produisait plus. Il est vrai qu'elle avait assez d'argent pour payer tout ce dont elle avait besoin : le butin fait à la guerre amenait entre les mains de ses citoyens l'or et l'argent de l'univers entier. Les Romains avaient, en quelque sorte, le monopole de l'argent ; de tous les deniers qui s'échangeaient dans les provinces, il n'y en avait pas un qui n'eût passé entre leurs mains ; ils étaient, pour ainsi dire, les banquiers du monde ; ils faisaient l'avance des impôts mis sur les provinces, et au bout de quelques

---

(1) *Midi à quatorze heures*, ébauche inédite.

années, la somme qu'ils prêtaient était sextuplée par les intérêts. Ils étaient même très-jaloux de ce monopole ; ainsi il arriva plusieurs fois que le gouvernement essaya de défendre la sortie du numéraire. Il est vrai que ces mesures prohibitives furent toujours éludées ; il ne pouvait en être autrement, puisque les Romains n'avaient que de l'or à donner en échange des objets qui servaient à leur subsistance.

Quoique les Romains n'aient jamais songé à protéger l'industrie nationale par un tarif de douanes, nous trouvons néanmoins mentionnés, dans les auteurs latins et grecs, des traités de commerce conclus entre Rome et différents autres peuples. Comment expliquer l'existence de ces traités, s'ils n'avaient pas pour but de soumettre à des règles fixes l'importation des produits étrangers ? L'existence de ces traités s'explique cependant. Rappelons-nous en effet que c'était un principe chez tous les peuples de l'antiquité de considérer les individus des nations étrangères comme des ennemis, *hostes*. Certaines exceptions étaient cependant faites à ce principe, et alors intervenaient des traités d'amitié, ou encore des traités de commerce qui permettaient aux individus d'une nation de voyager dans une autre et même d'y trafiquer sous des conditions plus ou moins rigoureuses. Le simple résumé des traités de commerce qui nous restent de Rome prouve la vérité de cette assertion.

D'après le traité conclu entre Rome et Carthage l'an 509 avant Jésus-Christ, les Romains ni leurs alliés ne pouvaient naviguer au-delà du beau promontoire (ce cap, dit Polybe, était devant Carthage, du côté du Nord). En imposant cette limite aux Romains, les Carthaginois voulaient empêcher que les Romains ne connussent les pays fertiles des environs de Bysace et de la petite Syrte qu'ils appelaient, pour cette raison, les marchés, ἐμπόρια. Une exception avait lieu s'ils étaient poussés par la tempête ; dans ce cas, il ne leur était permis de rien acheter ni de rien prendre sinon de tout ce qui était nécessaire pour radouber le vaisseau ou pour faire quelque acte de religion ; ils devaient de plus remettre à la voile au bout de cinq jours. Les Romains conservaient la permission de faire le commerce avec la Lybie et la Sardaigne ; dans ces pays on ne devait exiger d'eux aucun impôt, à l'exception de ce qui se donnait au crieur public chargé d'annoncer les marchandises à vendre et de les enregistrer. La rigueur de ce traité qui était entièrement au désavantage de Rome fut encore augmentée l'an 348 avant Jésus-Christ, par un second traité. Ce second traité refusait aux Romains tout droit de navigation vers la Lybie et la Sardaigne. Le commerce devait rester libre pour les Romains à Carthage et en Sicile ; là ils pouvaient acheter, vendre et jouir des mêmes droits que les Carthaginois. En échange, les mêmes priviléges étaient accordés aux Carthaginois dans la ville de Rome (1).

En reconnaissance de la marque d'intérêt que Marseille avait montrée pour Rome après la prise de cette ville par les Gaulois, en prenant le deuil publiquement et en aidant Rome de ses deniers, les Romains firent un traité par lequel ils dispensaient les Marseillais de tout impôt quand ils commerceraient dans les terres de Rome. Cette ville conserva sa liberté entière jusqu'aux guerres civiles de Pompée et de César (2).

Dans le traité conclu entre Marc-Aurèle et les Quades, peuples de la Germanie (174 ap. J.-C.), Marc-Aurèle ne voulut pas leur accorder la permission qu'ils demandaient de venir commercer sur les terres de l'empire de peur que les Marcomans ne se mêlassent avec eux et ainsi confondus n'épiassent ce qui se faisait dans les provinces. L'année suivante il fit un traité avec les Marcomans; il fixa certains lieux et certaines époques où il leur serait permis de commercer sur les terres de l'empire. Nous avons encore en 181, un traité conclu avec les Marcomans et autres peuples de la Germanie, dans lequel l'empereur stipule « qu'ils ne s'assembleront qu'une fois par mois pour venir commercer sur les terres de l'empire et cela en présence d'un centenier romain. » Il paraît par Tacite, que les Romains prenaient cette dernière précaution autant qu'ils le pouvaient à l'égard de tous les barbares auxquels ils permettaient de venir commercer sur les terres de l'empire (3).

_______________

(1) Polybe, I, p. 435.
(2) Justin, lib. XLIII, cap. 5.
(3) Tacite, hist. lib. IV, c. 64 et 65, — de mor. Germ. cap 41.

Tous ces traités de commerce avaient, on le voit, un but exclusivement politique; jamais on n'y rencontre un tarif quelconque fixant un droit d'entrée sur les marchandises importées. Cette absence de toute idée de protection dans le système des douanes romaines simplifie considérablement leur étude. Il suffit en effet de les étudier sous le point de vue fiscal.

Cette étude doit se faire chronologiquement, car les douanes romaines ont eu différentes phases qui présentent chacune un caractère particulier. La première phase a lieu sous les rois. Etablies sous le règne d'Ancus Martius, les douanes présentent à cette époque le même caractère que chez nous, en ce sens qu'elles frappent uniquement les marchandises venant de l'étranger. Comme un seul port, celui d'Ostie était à ce moment ouvert au commerce étranger, la perception des droits n'offrait aucune difficulté. De quelle façon se faisait cette perception, quel était le tarif des droits perçus, nous l'ignorons. Il est permis toutefois de supposer que ce tarif devait être assez élevé, car, dit Tite Live, ce fut l'exagération même des droits perçus qui motiva leur abrogation (1). Cette abrogation fut l'œuvre des consuls, aussitôt après l'expulsion des rois.

L'an de Rome, 573, les douanes furent rétablies. A partir de ce moment les douanes romaines changent de caractère et offrent à côté des nôtres une particularité importante. Tandis que chez nous, les douanes frappent exclusivement les marchandises venant des nations étrangères, il y avait entre Rome et ses provinces toute une ligne de douanes analogue au Zollverein, qui dernièrement encore divisait les Etats de l'Allemagne. Ce serait toutefois une erreur de croire qu'à l'exemple de l'Allemagne Rome ait eu un système général de douanes. Chacune de ses provinces formait une circonscription douanière qui avait ses règles particulières. Ces règles étaient ordinairement celles-là même qui les régissaient avant leur réunion à l'empire; voilà pourquoi elle différaient d'une province à l'autre. La Sicile par exemple formait une région douanière, où les marchandises entrant et sortant payaient à la frontière un droit de 5 % *ad*

_________

(1) Tite Live. II, 9.

*valorem.* Ce droit avait longtemps été perçu pour le compte de Syracuse ou de Carthage ; après la conquête de la Sicile il le fut au compte de Rome. « Quand nous avons pris les cités Siciliennes dans notre clientèle, disait Cicéron, nous leur avons laissé les droits dont elles avaient joui jusqu'alors, et elles ont obéi désormais à la république de la même façon qu'auparavant elles obéissaient à leurs autres maîtres. » De nombreuses immunités furent cependant accordées, et Ségeste, Centoripa, Alœsa, Panorme, furent affranchies des taxes et devinrent villes franches. Un droit de 2 1/2 pour cent était pareillement perçu à la frontière d'Asie aux termes de la loi Sempronia. De même la province de Narbonne constituait une région douanière. Ainsi en était-il des autres provinces.

Une remarque toutefois est nécessaire. Les *civitates stipendiariœ, dediticiœ*, en d'autres termes, les pays assujettis et tributaires de la République étaient seuls soumis aux droits de douane, dont le produit appartenait à Rome. Au contraire, les *civitates fœderatœ*, alliées à Rome par un *fœdus*, n'étaient pas assujetties aux *portoria* ; il arrivait même souvent qu'elles percevaient des droits de douane à leur profit sous certaines conditions dont la plus ordinaire était que les citoyens romains auraient joui d'une franchise ou tout au moins de certaines faveurs particulières. Quant aux *civitates liberœ* qui jouissaient de leur autonomie non plus en vertu d'un *fœdus* mais en vertu d'une *lex* ou d'un *senatus consulte*, elles étaient soumises aux *portoria* toutes les fois qu'elles n'avaient pas reçu l'*immunitas* (1).

Les marchandises soumises aux droits de douane différaient suivant les provinces ; c'était le plus souvent des articles de commerce. Le droit était perçu tantôt à l'importation tantôt à l'exportation ; il arrivait même souvent qu'un droit était perçu et sur les marchandises entrant et sur les marchandises sortant.

Mais une difficulté s'élève sur le point de savoir s'il fallait, pour que le droit fût dû, avoir égard en cas d'importation à la provenance et en cas d'exportation à la destination des marchandises. Prenons des exemples : Une marchandise était envoyée de Rome

---

(1) Tite Live. XXXIII, 32 — XLV, 26. — Cic. Verr. II, 3, 6. § 13.

ou d'Italie, à destination d'une province. Elle ne payait aucune taxe à la sortie de l'Italie, car nous verrons plus loin, qu'il n'y avait pas en Italie de droit sur les exportations ; mais en revanche acquittait-elle un droit d'importation en entrant dans les provinces ; en un mot les Romains étaient-ils soumis dans les provinces aux droits de douane pour les marchandises qu'ils y faisaient entrer. Je serais tenté de répondre affirmativement. Puisque les marchands romains étaient en Italie même, assujettis aux droits de douane, ils devaient les acquitter également dans les provinces, à cause du caractère de réalité qui s'attachait aux douanes : comme le droit était dû par la marchandise plutôt que par la personne, il n'était pas besoin de considérer la nationalité du commerçant. De plus, comme le produit des douanes aussi bien dans les provinces que dans l'Italie était attribué à l'Etat, on ne comprendrait pas pourquoi celui-ci aurait affranchi dans les provinces les citoyens romains d'un impôt auquel il les avait soumis dans l'Italie même. On peut du reste en faveur de mon opinion tirer argument de la situation qui était faite aux villes qui par un bénéfice spécial percevaient des droits de douane pour leur propre compte. En principe dans ces villes, les citoyens romains étaient soumis aux droits de douane comme tout autre individu ; pour qu'ils en fussent exempts, il fallait que l'immunité eût été expressément stipulée. Cette assertion est prouvée par une inscription de Termes en Pisidie. Cette inscription relate un plébiscite de l'an 682, qui concède aux habitants de cette ville la jouissance de leurs droits de douane par mer et par terre, mais avec exemption en faveur des publicains pour les produits des tributs dus au peuple romain, que ceux-ci transporteraient par le territoire de Termes (1). On peut conclure de cette inscription que l'exemption, étant bornée aux publicains, ne s'étendait pas aux autres citoyens romains. Si donc ceux-ci étaient assujettis aux droits de douane dans des localités où le produit de l'impôt n'appartenait pas à l'Etat, *a fortiori* devaient-ils l'être aussi quand le bénéfice de l'impôt retournait à leur patrie.

Il en était de même quand le cabotage se faisait d'une pro-

---

(1) Orelli, n° 3,673.

vince à une autre. Le droit était dû par la marchandise à l'entrée
de la province où elle était adressée alors même qu'elle avait
déjà acquitté un droit d'exportation dans la province d'où elle
sortait. Si la marchandise ne faisait que traverser une province
pour se rendre dans une autre, le droit de douane se transfor-
mait en droit de péage ; entre ces deux droits le tarif seul était
différent. Les publicains auraient voulu aller plus loin et soumettre au *portorium* même le cabotage d'un port à un autre dans
une même province. Des réclamations s'élevèrent et la question
de savoir si en pareil cas l'impôt était véritablement dû fut
portée devant le Sénat ; nous ignorons malheureusement quelle
fut sa réponse. Nous savons seulement que Cicéron dut prendre
la défense des marchands. Consulté par son frère Quintus, gouverneur d'Asie, devant qui s'était soulevé le litige, il lui répondit
qu'après avoir bien approfondi la question, il se prononcerait en
faveur des négociants d'Asie, malgré tout son désir d'être
agréable aux publicains.

Le produit des douanes était affermé à la société des publicains dont le siége était à Rome. Il devait être assez considérable, d'après ce que nous dit Cicéron, quand il accuse Verrès
d'avoir fait perdre dans l'espace de quelques mois aux fermiers
du port de Syracuse, qui ne prenaient que le vingtième des
marchandises, quinze mille livres.

En Italie, les douanes furent l'objet de certains règlements
spéciaux. Elles y furent établies en 573 en même temps que
dans les provinces, mais tandis que dans les provinces elles
continuèrent à subsister sans interruption, elles furent de nouveau
abolies en Italie par la loi *Cæcilia* (694) et ne reparurent que
sous Jules-César (1). A la différence de ce qui avait lieu dans certaines provinces, aucun droit n'était perçu à l'exportation des
marchandises ; les *portoria* n'étaient dûs que sur les objets qui
entraient en Italie. Quels étaient ces objets ? Le jurisconsulte
Marcianus (2) en a laissé une longue énumération : ce sont pour
la plupart des produits de l'Orient, de l'Arabie, de l'Afrique, de
l'Inde et de la Chine. Mais cette énumération n'est pas limita-

_______

(1) Suet. Jul. Cœs. 43. — Dio Cassius, XLVII, 16.
(1) Dig. XXXIX, IV. — 16 § 7.

tive ; elle doit être étendue à tous les objets importés pour le trafic. La règle était que tous les objets importés dans un but commercial devaient acquitter le *portorium* (1). Il résultait de cette règle que la douane n'atteignait pas : 1° Les objets servant à l'usage de la personne. Tels étaient les esclaves destinés à la culture ou au service personnel, le blé et autres denrées que les marchands apportaient pour leur propre consommation, en un mot tout ce qui servait au voyage, *itineris instrumenta* et tout ce qu'on transportait pour s'en servir et non pour trafiquer (2). 2° Tout ce qui était la propriété du fisc (3). 3° Les objets servant à la culture (4). 4° Les animaux destinés aux combats de l'amphi-théâtre (5). 5° Les objets servant à l'approvisionnement de l'ar-mée (6). La même immunité fut étendue aux obj ts appartenant aux gouverneurs et aux généraux d'armée. En pareil cas les gouverneurs et généraux délivraient une attestation signée par eux, destinée à être mise sous les yeux des employés et à pré-venir les fraudes que les conducteurs auraient pu commettre en étendant l'exemption à d'autres objets (7).

La taxe était due sans distinction de personnes à cause du caractère de réalité des douanes et toutes les exemptions qu'on obtenait n'avaient aucun effet selon l'ordonnance des empereurs Honorius et Théodose (8). Si rigoureuse que fût cette règle, des exceptions lui furent peu à peu apportées. Ainsi, sous le règne de Constantin, de Valentinien et de Valens, l'immunité fut accordée aux soldats, aux gardes du palais, aux vétérans et aux fils de vétérans (9). Cette immunité leur fut toutefois retirée par Gratien (10); mais ils conservèrent le privilége qui leur avait été accordé par les empereurs Sévère et Caracalla; ce privilége consis-

(1) *Res venales quæ negotiationis gratia portantur.* Tite Live, XXXII, 7.
(2) Quint declamat. 359.
(3) Dig. l. 9, § 8 de publ. et vectigal.
(4) Cod. l. 5 de vectigal.
(5) Symm. lib. V, épist. 60 et 63.
(6) Dig. l. 9, § 7 de public.
(7) Dig. l. 4 de public.
(8) Cod. l. 7 de vectigal. et commissis.
(9) Cod. Th. XI, XII, 8 de immunit. concess.
(10) Cod. IV, LXI, 7.

tait en ce que s'ils faisaient passer des marchandises à la douane sans les déclarer, ces marchandises n'étaient pas confisquées. De même les sénateurs jouissaient de l'immunité pour les animaux qu'ils destinaient aux combats de l'amphithéâtre. Les ambassadeurs payaient le huitième pour les produits de leur pays importés dans l'empire, mais ils étaient exempts de tout droit pour ceux qu'ils exportaient hors du territoire romain (1). Ce dernier bénéfice ne leur servait, il est vrai, que dans les provinces, car là seulement un droit était perçu à l'exportation. Enfin les membres de la corporation des mariniers chargés de l'approvisionnement de Rome étaient aussi exempts des droits lorsqu'ils ne servaient pas de commissionnaires ni de prête-noms à des négociants (2).

Sous la république et dans les premiers siècles de l'empire, l'impôt était du quarantième de la valeur des marchandises, soit 2 et 1/2 pour cent (3). Le système des droits spécifiques était inusité; chaque marchandise était taxée *ad valorem*. Cette valeur était fixée par déclaration du marchand, mais si l'estimation donnée n'agréait pas au publicain, celui-ci pouvait la fixer arbitrairement. Dans le code de Justinien on trouve le taux porté au huitième, soit 12 1/2 pour cent (4). M. Naudet (5) pense que même à cette époque le taux ordinaire était resté au quarantième et que la taxe du huitième s'appliquait seulement à certaines denrées rares venant de l'Inde et aux barbares faits eunuques. Je crois avec Burmann et avec M. de Serrigny que cette augmentation du taux dans les taxes perçues était générale, car les textes mentionnent le huitième comme le tarif normal (*vectigal octavarii — octavas more solito constitutas*). Ainsi, depuis Auguste jusqu'à Justinien, l'impôt s'était élevé du quarantième au huitième, il s'était quintuplé.

Le produit des douanes était affermé de cinq en cinq ans par

<hr>

(1) Cod. l. 8 de vectigal.

(2) Cod. l. 6 de vectigal.

(3) Quint. déclam. 359.

(4) Cod. l. 7 de vectig. — l. 2 de *eunuchis*. — l. 7 de locat. cond.

(5) Des changements opérés dans l'administration romaine de Dioclétien à Julien, t. I, p. 23, — note 18, p. 189.

les censeurs à la société des publicains. Ceux ci percevaient directement les taxes fixées par le cahier des charges par l'intermédiaire de leurs agents appelés *portitores* ou encore *octavarii*. Les agents subalternes s'appelaient *stationarii*; c'étaient le plus souvent des vétérans. Ces agents avaient reçu des lois des pouvoirs assez étendus; ils estimaient à leur guise la valeur des marchandises déclarées; ils avaient le droit d'ouvrir les ballots et de décacheter les lettres afin de vérifier la déclaration des marchands. Ce droit de visite s'exerçait même sur les personnes à l'exception des matrones (1).

La déclaration du marchand était enregistrée. Les objets non déclarés étaient confisqués et s'il y avait eu fraude une amende était perçue (2). La commise des marchandises non déclarées se prescrivait par cinq ans, s'il n'y avait pas eu de poursuites faites et si la marchandise n'existait plus en nature à moins qu'elle n'eût été supprimée par fraude (3). Si le temps de la prescription n'était pas achevé, la commise pouvait s'exercer même sur les héritiers du délinquant, quand les poursuites avaient commencé du vivant de ce dernier (4). Si c'était par erreur que le droit n'avait pas été payé, les fermiers devaient se contenter du double (5). D'un autre côté on prit des mesures contre les abus que pouvait entraîner ce trop grand pouvoir accordé aux publicains; on chercha surtout à prévenir l'invention de taxes supplémentaires (6). Ainsi le préteur introduisit un interdit par lequel il accordait une *actio in duplum* contre le fermier de la douane, ses enfants ou esclaves qui auraient sciemment pris au-delà de ce qui était dû (7); de plus il édicta contre ceux qui auraient employé la force une amende triple au profit des lésés. Constantin punit ce crime d'un exil perpétuel (8).

---

(1) Quint. déclam. 359.
(2) Dig. fr. 14 § 10 de publ.
(3) Sever. et Antoniu. L. 2. Cod de vect. et comm.
(4) Dig. l. 16 § 13. — XXXIX. IV.
(5) Dig. l. 16 § 10. — XXXIX. IV.
(6) Tacite. annal. XIII, 50, 51.
(7) Dig. l. 1 pr. de public.
(8) Cod. l. 4 *vectigalia nova*.

Le publicain n'était toutefois condamné à la restitution du double de ce qu'il avait perçu indûment que si on réclamait dans l'année ; l'an expiré, il était condamné seulement à la restitution du simple droit.

Comme l'action *commissoria*, donnée par le préteur, était beaucoup plus douce en plusieurs chefs que les autres actions autorisées par les lois contre les violateurs de la propriété, il était permis à l'offensé d'agir de préférence par une de ces actions telles que l'*actio bonorum vi raptorum*, *l'actio damni injurid on furti*.

L'*actio commissoria* était également employée contre les particuliers qui portaient préjudice aux droits du fisc tels que les contrebandiers ; dans ce cas la peine n'était plus du double mais du quadruple.

Jusqu'à Constantin les *portitores* étaient sous la surveillance des censeurs. A partir de cet empereur, l'application des lois de douane rentre dans les attributions du *comes sacrarum largitionum*. On voit, en effet, que c'était à lui qu'étaient adressées les constitutions relatives aux douanes (1) et c'était une règle suivie à Rome que les édits étaient adressés au chef suprême de la matière qu'ils régissaient. Le *comes sacrarum largitionum* surveillait toutes les affaires du commerce (2) ; à cet effet il avait dans les provinces des agents subalternes appelés *comites commerciorum*. Tous ces agents avaient chacun dans son département respectif un pouvoir contentieux. Une des attributions principales du *comes sacrarum largitionum* était d'empêcher la sortie du numéraire dont l'exportation était défendue. Il envoyait dans ce but des surveillants *(curiosi)* sur les ponts et dans les villes frontières (3).

A côté des douanes on rencontre en Italie et dans les provinces une quantité considérable de péages, perçus à l'embouchure des fleuves et au passage des ponts. Chaque *stationarius* avait un lieu désigné où il arrêtait et inspectait les passants : triste personnage, disait Chrysostôme, assis au bord des routes où il moissonne

---

(1) Cod. I. 8 de *vectigalibus et commissis*.

(2) Cassiod. var. VI, 7.

(3) Cod. Th. I. 10 *de curiosis*.

le labeur d'autrui ! Un passage de Pline sur l'importation de
l'encens donne une idée du nombre de ces péages et de la
quotité des droits auxquels ils donnaient lieu : « Les marchands,
« dit-il, tout le long de la route, tantôt pour l'eau, tantôt pour le
« fourrage, tantôt pour le logement et pour les différents
« péages, acquittent une dépense qui monte à 689 denarii par
« charge de chameau lorsqu'ils entrent dans nos ports, et là
« ils paient encore un nouveau droit aux publicains de notre
« gouvernement. » Ces péages étaient perçus au passage des
marchandises et rarement au passage des personnes; les objets
exempts des droits de douane étaient également exempts des
droits de péage. Caracalla franchit sur ce point les dernières
limites de la fiscalité : il assujettit au péage sur les routes et à
l'entrée des villes le cadavre des morts qu'on transférait du lieu
de leur sépulture provisoire dans un autre. Ce dernier impôt ne
fut aboli que par une constitution des Basiliques (1).

La perception des péages se faisait par les *stationarii* qui se
trouvaient échelonnés sur chaque route. Le produit était afferiné
tantôt séparément tantôt en même temps que celui des douanes.

Il n'était pas permis aux gouverneurs de province d'établir sans
l'ordre du prince de nouveaux octrois et de nouveaux péages, ou
de modifier le tarif de ceux qui existaient. Pour établir un octroi
nouveau à l'entrée d'une ville ou un péage sur une route, il fallait
une autorisation émanée de l'empereur qui sur le rapport du
gouverneur de la province, l'accordait comme moyen extraordinaire de créer des ressources à la ville (2). Ces impôts
nouveaux se partageaient dans la proportion d'un tiers pour les
cités et de deux tiers pour l'État.

A la limite extrême de l'empire, *limes imperii*, se trouvait une
nouvelle ligne de douanes qui le séparait des nations étrangères.
Certaines règles particulières y étaient en vigueur. Ces règles,
motivées par des raisons politiques, étaient relatives à l'exportation et à l'importation de certaines marchandises. Il était en
effet défendu d'exporter à l'étranger sous peine de mort l'or,
le fer, le blé, le sel, le vin, l'huile, les armes, les pierres à

_______

(1) Cod. Just. III, XLIV, 15. — Cf. Cujas obs. l. II c. 21.
(2) Cod. l. I, 2, 3 vectigalia nova.

aiguiser; il était également défendu de vendre des vaisseaux aux
étrangers ou de leur apprendre à en construire (1). On craignait,
en permettant l'exportation de ces objets, d'enrichir les nations
étrangères et d'accroître leur puissance guerrière.

Pareillement certaines restrictions étaient apportées à l'importation des marchandises étrangères. Sans parler des droits
qui étaient perçus sur le territoire de l'empire à l'entrée des marchandises dont l'importation était permise, il était défendu
d'acheter de la soie chez les barbares à peine de confiscation et
d'un exil perpétuel (2). L'achat de cette marchandise était exclusivement réservé aux *comites commerciorum* (3). L'empereur Léon
prononça la peine de mort contre ceux qui leur achèteraient des
eunuques et défendit aux fermiers des douanes d'en percevoir
les droits sous la même peine (4).

Les douanes continuèrent à subsister jusqu'à la fin de l'empire
romain. Elles survécurent au règne de Justinien qui en fait
mention dans le digeste. Un moment Néron songea à les supprimer, mais sur les représentations des sénateurs qui voyaient
dans les douanes la source principale des revenus de l'empire,
il se contenta d'introduire dans leur exercice des réformes
utiles : il ordonna que les baux et les droits des fermiers qui
auparavant étaient tenus secrets, seraient publiés et affichés ;
qu'après l'année les publicains ne seraient pas reçus à réclamer
les taxes qu'ils avaient négligé de percevoir; que le préteur à
Rome et les gouverneurs dans les provinces connaîtraient de
leurs malversations (5). Pertinax rendit au commerce une partie
de sa liberté en abolissant les péages établis par les premiers
empereurs sur les rives des fleuves et à l'entrée des villes, mais
il laissa subsister les douanes et les droits perçus à la sortie des
ports et au passage des ponts (6). Sa réforme, du reste, produisit
peu d'effet, car les taxes qu'il abolit reparurent sous ses successeurs.

---

(1) Dig. l. 11 de public. — Cod. l. 1 et 2, quæ rés export. — Cod. l. 2 de
comm. et mercat.

(2) Cod. l. ult. de comm. et mercat.

(3) Cod. l. 2 *quæ res venire*.

(4) Cod. l. 2 de *eunuchis*.

(5) Tacite, annal. l. 13.

(6) Hérodien. l. II, ch. IV.

# CHAPITRE VI.

———

## IMPOTS DIVERS.

A côté des impôts indirects que nous venons d'étudier, figure encore toute une série d'impositions publiques qui, par leur assiette et leur mode de perception, méritent d'être classées parmi les impôts indirects. Malheureusement le peu de documents que nous possédons sur elles, leur durée souvent éphémère et leur importance médiocre nous obligent à en donner une simple énumération.

Au nombre de ces impositions se place en première ligne l'impôt sur l'usage des aqueducs. Les rues de Rome étaient, nous dit Fronton, sillonnées d'aqueducs qui amenaient l'eau dans l'intérieur de la cité; le droit de prendre de l'eau à l'aqueduc était concédé aux particuliers par les édiles moyennant un prix déterminé. Cette redevance s'appelait *vectigal ex aquæductibus* ou *vectigal formæ*. Le produit total de ces redevances était affermé, et les adjudicataires de la ferme devaient entretenir les aqueducs. Toutefois, à partir d'Auguste, ce soin appartint à des agents spéciaux, appelés *curatores*. Deux corporations furent instituées dans le même but; ces corporations se composaient en grande partie d'esclaves publics. Le salaire de tous ces agents et les frais d'entretien des aqueducs se prélevaient sur le produit de la taxe qui continua d'être affermé.

On a contesté le caractère d'impôt au *vectigal ex aquœductibus*. Comme l'Etat, en échange de la somme payée par les particuliers leur rendait un service immédiat, on a dit que cette somme constituait non pas un impôt, mais un paiement du service rendu. Cette objection est en partie fondée ; il est vrai que l'Etat, en échange de la somme perçue, rendait un service aux particuliers, mais comme le tarif pour la fourniture des eaux fixait un prix supérieur à la valeur de la marchandise livrée et du service rendu, cet excédant de prix constituait un véritable impôt. Cet impôt de sa nature devait être un impôt indirect car il était perçu à l'occasion d'un fait, à l'occasion de l'usage d'une chose.

La taxe sur les prises d'eau existait dans les municipes et formait une partie du revenu de la commune.

Une taxe analogue au *vectigal ex aquœductibus* existait sur les égouts. Elle était perçue toutes les fois qu'un particulier obtenait des édiles une décharge dans les égouts publics. Le digeste mentionne cette taxe sous le nom de *cloacarium* (1), mais il ne donne aucun renseignement sur sa perception. Nous savons seulement que le produit en était affermé en même temps que l'impôt sur les matières fécales.

Ce dernier impôt fut imaginé par Vespasien. Il était acquitté par quiconque faisait usage des urinoirs et des latrines publics ; en souvenir de cette innovation celles-ci ont conservé le nom de Vespasiennes. Le produit de cet impôt était affermé et les adjudicataires, chargés de sa perception, s'appelaient *foricarii*. L'impôt de Vespasien subsista sous les empereurs bysantins qui, sous le nom de *chrysargirum*, y ajoutèrent les taxes sur les pauvres et les mendiants, sur les courtisanes, sur les femmes répudiées, sur les esclaves, les affranchis, les bêtes de somme et les chiens (2).

A côté de l'impôt sur les matières fécales, plaçons de suite l'impôt que Caligula établit sur les *lupanaria*. Cet impôt était

---

(1) Dig. XXX. l. 39 § 5.
(2) Evagr. hist. eccl. III.

acquitté par les courtisanes ; c'était une sorte de patente qu'elles
acquittaient mais qui se rapprochait de l'impôt indirect en ce
qu'elle n'avait rien de fixe ; la taxe, en effet, était perçue en
raison de leurs actes, sur le prix desquels elle était prélevée. Il
fallait toute l'immoralité d'un Caligula pour imaginer un impôt de
cette nature perçu d'une pareille façon. Alexandre Sévère défendit que le produit de cet impôt fût versé dans le trésor sacré ;
il l'affecta aux dépenses publiques pour construire un théâtre,
un cirque et un amphithéâtre. Pour satisfaire de pareilles dépenses, il fallait que le produit de cet impôt fût considérable ; on
peut juger par là ce que valaient les mœurs romaines.

Le même Caligula établit un impôt du huitième de leur gain
journalier sur les portefaix, désignés sous le nom de *bajuli, portitores, bastagæ, saccarii.* Ces portefaix formaient une corporation
et jouissaient du privilége de transporter seuls les marchandises
du port dans les magasins. Celui qui employait d'autres porteurs
devait payer au fisc le cinquième de la valeur de la charge. Cette
imposition mise sur les portefaix avait encore le caractère d'impôt
indirect en ce qu'elle variait chaque jour suivant le gain de la
journée. Peu à peu, du reste, elle dégénéra en véritable patente
ainsi que l'impôt sur les courtisanes : l'une et l'autre taxe furent
alors perçues annuellement. Elles conservèrent ce caractère
jusqu'au moment de leur abolition qui eut lieu sous les empereurs Théodose II et Anastase (1).

D'autres impôts indirects sont encore l'œuvre de Caligula.
Ainsi ce fut lui qui établit un impôt sur les procès. Cet impôt, il
est vrai, avait déjà existé sous les rois ; à cette époque il était
destiné à l'achat des victimes nécessaires au sacrifice ; quiconque
succombait en justice réglée remettait à l'État à titre d'amende
du bétail d'une valeur proportionnelle à l'objet en litiga. Caligula
ressuscita cet impôt qui n'avait pas tardé à tomber en désuétude.
Le tarif fut fixé au quarantième de la valeur litigieuse au lieu de
l'être sur le montant de la condamnation, comme chez nous.
Jusque-là rien de vexatoire, mais le tyran reparaît quand il édicte

---

(1) Nov. Théod. tit. XVIII de *tironibus.* — J. Godefroi ad leg 1 c. Th.
XIII, 1. — Evagrius, hist. eccl. III, 30.

une peine contre ceux qui étaient convaincus d'avoir transigé ou d'avoir abandonné leurs droits. Cette taxe n'existait plus au temps de Tacite qui en attribue l'abolition à Néron (1).

Ce fut encore Caligula qui assujettit à une taxe la concession du droit de cité, et pour faire acheter deux fois le même privilège, il fit un édit par lequel les étrangers, dont les ancêtres avaient obtenu des lettres de naturalité, étaient déchus du titre de citoyens romains s'ils étaient au-delà du premier degré en ligne directe (2). Enfin, il mit un impôt sur le mariage (3); mais on ne sait si cet impôt se percevait directement sur la fille vierge ou si c'était une taxe assise sur la cérémonie même du mariage. Jamais empereur romain ne fut plus fertile que Caligula en expédients financiers; sa cupidité lui suggéra même l'idée de ne point faire afficher ses édits afin d'augmenter les contraventions et par suite les confiscations; et quand le peuple le pressa de les publier, il les fit en termes si menus qu'il était impossible de les lire.

----

(1) Ann. XIII, 51.
(2) Suet. in Calig. c. 16.
(3) Suet. in Calig. XL; 6.

# ANCIEN DROIT FRANÇAIS

## DES IMPOTS INDIRECTS

# CHAPITRE I.



Les contributions indirectes jouent un rôle tout-à-fait insignifiant dans le système financier des rois des deux premières races. Ceux-ci trouvaient des revenus suffisants dans les produits de leurs domaines et dans les impositions capitales, telles que l'impôt foncier et la capitatio qui avaient été introduites dans les Gaules du temps des Césars et qui, sous les rois Francs, continuèrent à peser sur les Gallo-romains. Les Francs eux-mêmes acquittaient envers le roi certaines redevances; ainsi l'usage s'était établi parmi eux de faire chaque année un présent au roi, de nourrir les messagers royaux, enfin de contribuer à l'entretien des édifices publics, des ponts et des rues. A cela se bornaient les exigences de la royauté, parce qu'à cela se bornaient ses besoins. D'impôts indirects, il n'en était pas question : le commerce n'était pas assez avancé, ni le trésor assez aux abois pour qu'on songeât à de pareilles mesures. Il existait seulement quelques droits de péage et de douanes au passage des rivières et des ponts; encore fallait-il qu'ils fussent d'un usage immémorial pour que la perception en fût autorisée; aussi presque tous étaient d'origine romaine.

Le système féodal fit éclore des contributions indirectes de toute nature. En règle générale, quand à une époque quelconque les contributions indirectes prennent un vigoureux essor, on peut supposer qu'elles sont la conséquence d'un commerce florissant, parce que là où le commerce est florissant, la richesse circule et peut être frappée par des contributions indirectes. Il n'en fut cependant pas ainsi à l'époque féodale. Les contributions indirectes qui s'établirent à cette époque, bien loin d'être le résultat du commerce, à peu près nul du reste, furent la conséquence de l'espèce d'isolement dans lequel les seigneurs féodaux aimèrent à se tenir. Le système féodal n'était pas fait pour rapprocher les hommes par le commerce mais pour les isoler par le besoin où chaque seigneur, dans l'intérêt de sa défense, était d'élever des barrières entre lui et les seigneurs voisins : de là ces nombreux péages que les seigneurs laissèrent établir à l'entrée de leur territoire comme autant de douanes intérieures. D'un autre côté vis-à-vis de leurs vassaux les seigneurs étaient des propriétaires, et comme tels ils soumettaient les mutations de leurs propriétés données en fief ou en censive aux conditions qui leur plaisaient : de là les droits de quint, de lods et ventes, de relief. Vis-à-vis de leurs serfs, ils étaient des maîtres ; de là ces taxes nombreuses sur les objets de consommation, taxes souvent arbitraires et à l'établissement desquelles ne présidait aucune idée économique. Les seigneurs en un mot avaient fait des contributions indirectes autant de droits seigneuriaux.

Le roi dans ses domaines avait agi de même. Comme les seigneurs, il y percevait des péages ; comme les seigneurs, il avait imposé les objets de consommation ; comme les seigneurs, il exigeait les droits de quint, de relief, de lods et ventes. Le recouvrement de tous ces droits se faisait par l'intermédiaire des prévôts auxquels ils étaient affermés. A cet effet, le domaine de la couronne avait été divisé en un certain nombre de prévôtés ; chaque charge prévôtale était adjugée au plus offrant, ordinairement pour trois années ; le prix du fermage était déposé en trois termes dans le trésor royal. A son entrée en fonction, le prévôt devait se faire assister de quatre *honnêtes hommes* qui lui servaient de caution (Ord. de 1190). Les prévôts se trouvaient d'abord sous l'autorité du sénéchal, ensuite sous celle des baillis après l'institution de ces derniers; il devaient toutefois rendre leur compte non pas au bailli mais au roi. Si une contestation s'élevait, elle était portée devant la juridiction même du prévôt. Ce pouvoir contentieux attribué aux prévôts, qui de cette façon étaient juges et parties, donna lieu à de grands abus. Cela détermina Louis IX en 1242 à supprimer le fermage de la prévôté de Paris; la fonction de prévôt devint dès-lors une simple fonction de police judiciaire; la perception des droits seigneuriaux continua de se faire par leur intermédiaire, mais le produit au lieu de leur être affermé, était versé directement dans le trésor royal: on disait alors que cette fonction n'était plus donnée en ferme mais en garde. Dans la période suivante cette réforme eut lieu dans toutes les autres prévôtés.

A partir du moment où le système féodal perdit sa contexture primitive par la fusion des seigneuries particulières dans le domaine de la couronne et par la prédominance du pouvoir royal sur celui des seigneurs, les rois cherchèrent à transformer leurs droits seigneuriaux en droits domaniaux et régaliens. Cette transformation avait son importance, car les droits seigneuraux appartenant au roi s'exerçaient seulement dans le domaine de la couronne, tandis que ses droits régaliens s'étendaient à tout le royaume. Ils commencèrent par se réserver d'une façon exclusive les droits de franc-fief et d'amortissement qui étaient d'institution récente; ils établirent des tarifs de douane, en ayant soin de déclarer qu'ils agissaient en vertu de leur pouvoir souverain; de même, en faisant voter les aides par les états provinciaux ils manifestaient leur intention de les lever non plus en qualité de seigneurs, mais en qualité de souverains du royaume. Les droits de mutation, tels que le quint, le rachat et le relief, conservèrent plus longtemps leur caractère de droits seigneuriaux; ils ne le perdirent même pas quand l'établissement du droit de centième-denier eût établi une certaine uniformité parmi les droits de mutation.

D'un autre côté la disparition du système féodal amena la disparition d'un certain nombre d'impositions indirectes dont son établissement avait été la cause. Du moment en effet que les rois voulaient rétablir l'unité dans le royaume, ils devaient avant tout abolir les barrières que le système féodal avait dressées entre chaque province. Ils devaient en particulier faire disparaître la plupart des péages qui gênaient la circulation des richesses et le rapprochement des individus : ce fut cette réforme que Louis XI entreprit. Il supprima tous les péages qui n'étaient pas d'institution immémoriale; il abolit même un grand nombre de ces derniers avec ou sans indemnité. Ce n'était pas tout. Comme les rois voulaient rompre avec les usages de la féodalité, ils laissèrent tomber en désuétude une foule de droits qu'autrefois ils percevaient en vertu de la loi des fiefs. C'est ainsi que peu à peu ils renoncèrent aux droits de greffe et de sceau, aux taxes sur les objets de consommation vendus dans leurs marchés et à quantité d'autres droits féodaux, tels que le four banal, le banvin, le droit de grute, les bannalités etc. Il est vrai que quelques uns de ces droits ne tardèrent pas à reparaître sous le nom d'aides et de droits d'enregistrement; mais ils reparurent alors avec le caractère de droits domaniaux. Ces deux faits, l'abolition d'un grand nombre de péages et la renonciation du roi à beaucoup de droits féodaux nous expliquent pourquoi les contributions indirectes produisirent un revenu moins considérable du treizième au seizième siècle que pendant la période féodale.

En même temps que le caractère et le nombre des impositions indirectes subissaient ces modifications importantes, leur mode de perception était complètement remanié. Les aides, les douanes, les péages, les droits de mutation furent affermés non plus à des officiers royaux mais à de simples particuliers, et il y eut ordinairement autant de fermes qu'il y avait de droits différents à percevoir. Si aucun adjudicataire ne se présentait, le droit était mis en garde, c'est-à-dire qu'il était perçu directement par les officiers royaux pour le compte du roi. Quant aux conditions des baux, elles variaient suivant les adjudications et suivant les époques. Le pouvoir contentieux appartenait aux bureaux des traites pour les douanes; aux trésoriers de France pour les aides, aux baillis et sénéchaux jusqu'à l'édit de 1627 et à partir de cette époque aux trésoriers de France pour les droits de mutation. Ces trésoriers étaient autorisés à juger en dernier ressort jusqu'à concurrence de 250 livres et jusqu'à concurrence du double de cette somme par provision. L'appel était porté devant la cour des aides ou devant des juridictions spéciales à chaque impôt.

Ce fut seulement à partir du seizième siècle que le système de la mise à ferme des impositions indirectes reçut son complet développement et qu'il fut soumis à des règles fixes. A cette époque les contributions indirectes prennent une importance de plus en plus considérable. Leur nombre reste pourtant à peu près le même; il ne s'accroît que du droit de centième denier; mais leur produit augmente sous l'heureuse influence d'un commerce plus florissant qu'aux époques précédentes. Le bail des aides sous le règne de Louis XIII, monte entre 1624 et 1632 de 2,785,000 l. à 3,985,000; il donne 22 millions en 1682; celui des douanes, donne 1,650,000 en 1624, 9,920,000 en 1680, plus de 11 millions en 1681. L'importance des autres fermes s'élève dans les mêmes proportions.

Jusqu'en 1667 on avait affermé séparément les gabelles, les aides et entrées, les droits dits des cinq grosses fermes ou droits de douanes le monopole du tabac, les droits domaniaux casuels et différents droits particuliers à certaines localités tels que le convoi de Bordeaux, la patente du Languedoc, le tiers de Lyon. En 1669 Colbert groupa sous le nom de fermes unies les gabelles, les cinq grosses fermes, les aides et entrées, le convoi de Bordeaux et la patente du Languedoc. C'était une affaire de quarante millions par an. Tous ces droits furent compris dans la même ferme à côté de laquelle il n'y eut plus que la ferme des droits domaniaux. Celle-ci ne comprenait d'abord elle-même que les droits de greffe; le contrôle des exploits y fut joint par le bail fait à Claude Violet en 1669; les droits de contrôle des actes, d'insinuations laïques, centième denier, petit scel le furent par édit de mars 1714; les droits de franc-fiefs, amortissemen et nouvel acquêt en 1720.

En 1674 les gabelles, aides et entrées d'une part et les cinq

grosses fermes d'autre part furent comprises dans deux fermes sépa-
rées : le convoi de Bordeaux et la patente du Languedoc restèrent
unis aux cinq grosses fermes. En ajoutant la ferme des domaines
il y eut à partir de cette époque trois fermes donnant lieu à
trois adjudications.

Ces fermes s'adjugeaient au conseil de direction à extinction
de chandelles, après publication des conditions du bail. Toute
personne, à la condition d'être solvable, bien cautionnée et catho-
lique, était reçue à enchérir par la bouche de son avocat. Pendant huit jours après l'adjudication de nouvelles enchères
pouvaient être reçues. Ces huit jours écoulés sans qu'il y eût de
nouvelles enchères, la première adjudication était dite pure et
simple et aucune enchère n'était plus admise à moins
qu'elle ne fût faite par tiercement, c'est-à-dire, en triplant la
première enchère, dans le jour suivant de l'adjudication pure et
simple jusqu'à huit heures du soir. Toute personne était reçue
pendant huit jours au « triplement du tiercement » mais l'adjudicataire seul pouvait enchérir sur le « triplement du tiercement. » (1).

Les fermiers jouissaient dans l'administration de leur ferme
de pouvoirs assez étendus. Ils nommaient leurs employés et
étaient maîtres de leurs emplois, dont ils pouvaient disposer en
faveur de qui bon leur semblait ; il ne leur était cependant pas
permis de destituer un employé sans motif légitime. (2) En
général les commis du fermier devaient avoir vingt ans accomplis (3) ; comme le fermier ils devaient être catholiques. Si le
commis devait avoir un maniement de deniers, il fournissait une
caution de *toute sûreté et de facile discussion* ; à la fin du dix-
septième siècle le cautionnement était fourni en espèces, lesquelles étaient versées dans la caisse de la ferme. Parmi les
employés on distinguait : 1° les commis ou contrôleurs, pourvus
de commission du directeur et chargés de la régie d'un bureau ;
2° les vérificateurs chargés de vérifier la régie des commis et de

(1) Règlement du 25 Juillet 1681.
(2) Décisions du conseil des 17 Déc. 1746. — 20 Fév. 1747.
(3) Ord. Fév. 1687. — Art. 8. Tit. 4.

s'occuper de la recherche des droits par eux négligés ; 3° les
contrôleurs ambulants qui devaient faire des tournées dans leur
département afin de surveiller à leur tour les commis et les vérificateurs. C'étaient ordinairement les contrôleurs ambulants qui
recevaient des commis le compte de leurs recettes pour en rendre
eux-mêmes compte au directeur ; ils devaient aussi s'occuper de
tout ce qui pouvait tendre à l'utilité et au perfectionnement de
la régie. On rencontrait souvent encore des inspecteurs ou contrôleurs généraux chargés de surveiller tous les autres employés,
mais sans pouvoir s'immiscer dans la recette à moins d'un ordre
exprès ou d'une nécessité absolue. Enfin au-dessus de tous ces
employés, il y avait le plus souvent dans chaque généralité un
directeur pour diriger tous les autres employés, faire compter
les contrôleurs ambulants et compter lui-même au fermier. Le
directeur donnait aux commis des commissions pour exercer
leurs emplois ; mais il ne pouvait lui-même remplir aucune
fonction rentrant dans ces emplois : ainsi il lui était défendu de
délivrer une quittance ou de faire une recette. Il représentait le
fermier dont il avait tous les pouvoirs en vertu d'une procuration
passée par devant notaires.

Tous ces employés avaient des priviléges spéciaux. Leurs
appointements ne pouvaient être saisis par leurs créanciers sous
quelque prétexte que ce fût ; ils étaient sous la protection spéciale des juges, maires et échevins. Une déclaration du 27 juin
1716 avait même fait « très-expresse inhibition à toutes personnes
de quelque qualité qu'elles fussent de leur méfaire ou médire,
de les troubler directement ou indirectement dans les exercices
et fonctions de leurs charges, ni de faire imprimer, vendre et
distribuer contre eux aucuns libelles, le tout à peine de 500
livres d'amende et de punition corporelle. » Si un employé com-
mettait un crime ou un délit de droit commun, les juges royaux
pouvaient seuls prononcer un décret contre lui. S'il s'agissait de
faits relatifs à l'exercice de l'emploi, tels que détournements ou
malversations, les seuls juges compétents pour en connaître
étaient ceux auxquels était attribuée la connaissance des droits
régis par le commis.

Lorsque les fermiers avaient besoin d'un bureau soit pour le contrôle des actes, soit pour la perception des droits, ils pouvaient l'établir où ils voulaient (1). Ils ne pouvaient toutefois sans motif légitime supprimer un bureau établi dans un lieu pour le transférer ailleurs (2). Ils jouissaient pour l'établissement de leurs bureaux d'un véritable droit d'expropriation. Ainsi l'art. 557 du bail de Forceville du 16 septembre 1728 confirmé par les baux subséquents, permettait au fermier de prendre telles maisons qu'il jugeait nécessaires pour faire des bureaux de recettes à l'exception seulement des maisons occupées par les propriétaires : ils n'avaient qu'à payer le loyer de ces maisons sur le pied du dernier bail et s'il n'y avait pas de bail d'après l'estimation faite par experts. Aucun dédommagement n'était dû au locataire soit par le propriétaire, soit même par le fermier. De plus, comme il était arrivé que les propriétaires des maisons servant de bureaux s'étaient prévalus de la nécessité où l'on était de se servir de leurs maisons pour en augmenter le loyer, le roi évoqua à son Conseil toutes les contestations qui s'élevaient entre le fermier et les propriétaires à raison des maisons servant de bureaux (3).

Vis-à-vis des contribuables les fermiers avaient aussi des pouvoirs très-étendus. A leurs pouvoirs administratifs ils unissaient en effet le plus souvent un pouvoir contentieux qui leur permettait de juger les contestations que les redevables soulevaient et les contraventions qu'ils commettaient ; ils avaient même le droit de décerner des contraintes. Le délai entre le commandement et les autres poursuites n'était pas fixé ; l'usage était de prévenir d'abord les redevables par de simples avertissements avant de faire le commandement, et d'attendre après le commandement soit une huitaine soit une quinzaine suivant la nature du droit réclamé, avant d'user des autres poursuites plus rigoureuses, telles que la garnison et la contrainte par corps.

Tel fut le système usité dans la dernière période de l'ancien droit pour la perception des contributions indirectes. Il resta en vigueur jusqu'en 1789, époque à laquelle l'assemblée constituante supprima tous les impôts indirects.

---

(1) Décisions du Conseil des 26 mars 1740 — 30 mai 1748.

(2) Arrêt du Conseil du 18 juin 1785.

(3) Arrêt du Conseil du 15 déc. 1722.

# CHAPITRE II.

---

## DES DROITS DE MUTATION.

Les droits de mutation que nous rencontrons dans l'ancien droit ne sont pas de tradition romaine. Ils avaient leur origine et leur raison d'être dans le système féodal, et, à ce titre appartenaient aussi bien aux seigneurs suzerains dans les provinces qu'au roi dans ses domaines. Encore celui-ci les percevait-il non pas en qualité de roi, mais en qualité de seigneur. Ces droits étaient multiples et tous étaient conçus dans un esprit différent de celui qui avait fait établir les droits de mutation en droit romain. Il y avait le rachat ou relief, le quint ou requint, les lods et ventes, le droit de franc-fief et le droit d'amortissement. Tous ces droits étaient perçus à l'occasion d'une mutation de propriété, mais la diversité des circonstances dans lesquelles avait lieu cette perception avait donné à chacun d'eux un caractère différent.

### § 1. — ÉNUMÉRATION DES DROITS DE MUTATION.

1º **Droit de relief ou rachat.** — Quand les fiefs devinrent héréditaires, leur propriété passa au possesseur et les seigneurs suzerains perdirent le droit d'en disposer. Pour se dédommager de la perte qu'ils éprouvaient, ces derniers établirent à chaque changement de possesseur par suite de succession un droit qu'on appela le droit de rachat. Ce droit se paya d'abord en ligne directe; depuis il ne se paya plus qu'en ligne collatérale; enfin presque toutes les coutumes l'ont introduit dans toutes les mutations de fief excepté celles qui arrivaient par vente ou par acte équipollent à la vente (1).

Le cas principal où le relief devait être payé, avait lieu quand une succession s'ouvrait en ligne collatérale (2). Les frères et sœurs et les enfants de frères et sœurs furent un moment exemptés de la taxe (3); dans quelques coutumes l'exemption ne fut pas étendue aux enfants de frères et sœurs (4). Cette exemption disparut bientôt. Si la mutation arrivait par succession en ligne directe, aucun rachat n'était dû. Quelques rares coutumes (5) cependant l'exigeaient même dans ce cas ou tout au moins le remplaçaient par un droit de chambellage.

Le relief était encore dû lorsque la mutation avait lieu : 1º par donation ou par testament, à moins que la libéralité ne s'adressât aux églises et autres établissements pieux (6), aux descendants ou ascendants du donateur : 2º par la mort naturelle de *l'homme vivant et mourant*, établi par les personnes morales pour être leur représentant (7); 3º par le mariage d'une fille, possesseur d'un fief. Dans la plupart des coutumes on exempta les filles qui avaient des fiefs de payer le rachat pour le premier mariage; comme les seconds mariages ne méritaient pas la même faveur, elles devaient payer le droit quand elles convolaient en secondes noces. Dans les autres coutumes le relief se payait même pour le

---

(1) Coutume de Paris, art. 33. — Loisel IV. 3, art. 20-22.

(2) Loisel IV. 3, art. 12. — Beaumanoir XV, 10. — Paris 33. — Orléans 22. — Dreux 13, 14. — Chartres 16.

(3) Cette exemption résulte d'une ordonnance de Philippe-Auguste de l'année 1216.

(4) Loudunnois XIV, 2. — Poitou 118. — Pontoise, Chaumont, Senlis, art. 116.

(5) Noyon, art. 25. — Saint-Quentin, art. 62. — Mantes, art. 6. — Amiens art. 47.

(6) Loisel IV. 3 — Beaumanoir XXVII, 5, 6. — Grand coutumier II, 82.

(7) Loisel I. 1, art. 64.

le premier mariage parce que, disait-on, comme le mari perçoit les fruits, il y a une véritable mutation : d'où on concluait dans ces coutumes, que, si la femme était séparée de biens par son contrat de mariage, elle ne devait pas le rachat, car il n'y avait alors aucune mutation de possession.

Dans quelques coutumes la veuve devait aussi le rachat pour son douaire (1).

Quand dans la même année il arrivait plusieurs mutations dans le même fief on distinguait suivant que ces mutations avaient lieu par cas fortuit c'est-à-dire par la mort de plusieurs collatéraux qui se succédaient les uns aux autres ou par des donations volontaires. Dans le premier cas un seul rachat était dû ; dans le second cas il y avait lieu à autant de rachats qu'il y avait eu de donations volontaires : les contractants étaient censés s'y être soumis par leur propre fait (2).

A l'origine le taux du rachat dépendait de l'arbitraire du seigneur suzerain (3). Il arrivait le plus souvent que le seigneur prenait possession du fief, en jouissait pendant un temps plus ou moins long, puis le restituait à son nouveau vassal. On dut cependant arriver de bonne heure à une taxe fixe ; car celle-ci est déjà mentionnée dans les établissements de Normandie et dans Beaumanoir (4). Le rachat consistait en principe dans le revenu annuel du fief en nature, en souvenir probablement du droit de saisie qui au début avait appartenu au seigneur. Le vassal pouvait aussi offrir l'estimation de ce revenu par dire de deux prud'hommes ou une somme quelconque (5). Le seigneur avait le choix entre ces trois offres. On devait compter dans le revenu de l'année tous les fruits tant naturels qu'industriels

---

(1) Poitou 205.

(2) Orléans 17. — Anjou 123. — Maine 183.

(3) Galland. — Traité du franc-alleu. 65.

(4) Beaum. XXVII. 2. — Cf. Établissements de St.-Louis I, 62.

(5) « Rachapt est le revenu d'une année choisie en trois immédiatement « précédentes, le dit des pairs ou une somme de deniers pour une foix au « choix du seigneur. » — Loisel IV. 2. 13. — Cf. Paris 47. — Orléans 2. — Anjou 118. — Senlis 157.

produits par l'héritage. Il fallait aussi y comprendre tous les fruits civils qui naissaient dans l'année alors même qu'il s'agissait d'un gros profit tel qu'une confiscatiou.

Du quint et requint. — Le quint a la même origine que le rachat. Une des plus anciennes mentions qui soit faite de ce droit se trouve dans un document de l'année 1077, rapporté par Galland dans son traité du franc-alleu. Il est dit dans ce document qu'un vassal avait échangé son fief contre un autre sans le consentement de son seigneur; que celui-ci l'avait confisqué mais que par faveur il l'avait restitué à son vassal moyennant une indemnité. A cette époque déjà le quint était considéré comme un droit qu'on payait au seigneur pour obtenir son consentement à l'aliénation du fief; de là les expressions *favor, autoritas, autora-mentum, laudemium.* Depuis les vassaux n'ont plus eu besoin de ce consentement pour aliéner leur fief, mais les seigneurs ont retenu le droit d'exiger, en cas de vente, un certain profit.

Le quint était un droit de mutation distinct du rachat. Tandis que celui-ci frappait les mutations de fief arrivant par succession ou par donation, le quint atteignait la vente et les contrats équipollents à la vente. Quelques rares coutumes n'avaient cependant pour toutes les mutations même pour la vente, qu'un seul droit, le rachat : tel était le Berry.

Dans le cas d'une vente pure et simple la perception du droit de quint n'offrait aucune difficulté. S'il s'agissait d'actes équipollents à la vente, le point important était de déterminer quels étaient ces actes. La jurisprudence fit cette détermination. Elle considérait comme tels la *datio in solutum,* les donations rémunératoires et les donations onéreuses lorsque les charges étaient appréciables à prix d'argent, le bail à rente rachetable, l'échange depuis les édits de 1645 et de 1673. Ces différents contrats donnaient lieu au droit de quint. Au contraire certains actes qui en apparence ressemblaient à la vente n'étaient pas réputés contrats de vente. Tel était, en cas de partage d'un fief indivis, l'acte par lequel un des co-héritiers ou des co-propriétaires se rendait adjudicataire de la totalité du bien. Tel était encore l'acte par lequel un mari cédait à sa femme qui avait renoncé à la communauté un conquêt pour la payer de ses reprises. Les reprises de la femme devaient en effet s'exercer sur les biens de la communauté alors même qu'elle renonçait et quand on lui donnait, dit Pothier, pour ses reprises un conquêt de communauté ce n'était pas tant une acquisition qu'elle faisait que son droit habituel dans les biens de la communauté qui se réalisait et se déterminait à ce conquêt. Lorsqu'au contraire un propre du mari était donné en paiement des reprises de la femme, c'était une vraie dation en paiement qui donnait lieu au profit de quint (1).

Le droit de quint fut toujours considéré comme le prix du consentement que le seigneur du fief devait donner à la vente. Il n'y avait plus par conséquent motif de l'acquitter lorsque c'était le seigneur lui-même qui vendait le fief mouvant de lui ; une vente qui était faite par le seigneur n'avait besoin d'aucun consentement autre que le sien. Mais devait-on donner la même solution lorsque le seigneur achetait le fief mouvant de lui : en pareil cas le quint était-il dû par exemple à l'usufruitier ou au fermier des droits seigneuriaux de son fief dominant? Me Guyot répondait négativement, mais Dumoulin, appuyé par quelques arrêts était d'un avis contraire : le seigneur, disait-il, devait payer profit à l'usufruitier ou au fermier, comme par forme de dédommagement de ce qu'en achetant il les prive des profits qui leur seraient dus si les fiefs de sa mouvance eussent été vendus à d'autres ; or il ne peut par son fait *deteriorem fructuarii aut conductoris conditionem facere.*

Le droit de quint était, comme son nom l'indique, de la cinquième partie du prix. On considérait comme faisant partie du prix les pots-de-vin, épingles et toutes les charges qui, imposées à l'acheteur, étaient appréciables en argent; on exceptait seulement celles qui étaient charges du fief, telles que les rentes inféodées.

Pour connaître le prix on se reportait au contrat et le seigneur ne pouvait calculer le droit de quint sur un pied supérieur à celui

______

(1) Dumoulin § 78. — Gl. I, n° 111. — Arrêts 7 mai 1712. — 12 mai 1722.

porté au contrat sous prétexte que le fief avait été vendu en-dessous de sa valeur.

LODS ET VENTES. — Lorsque les fiefs en devenant héréditaires prirent une grande étendue, les seigneurs contractèrent l'habitude d'en détacher différentes portions qu'ils donnaient les unes à des nobles en arrière-fiefs et les autres à des roturiers à la charge de certaines redevances. Dans ce dernier cas tantôt ils retenaient sur l'héritage une modique rente en argent, en grains et autres denrées, avec certains droits quand il y aurait mutation dans la possession de l'héritage. C'est ce qui s'est pratiqué le plus généralement. Tantôt ils se réservaient une certaine portion des fruits produits par l'héritage; tantôt enfin ils imaginaient d'autres droits plus onéreux et plus extraordinaires, tels que les champarts, le marciage, le complant, le domaine congéable. Le cens était le plus fréquent de ces droits réservés par le seigneur; il devint même bientôt la condition de toute concession de terre faite par les seigneurs à des roturiers: c'était une redevance annuelle, seigneuriale, foncière et perpétuelle dont un héritage était chargé envers le fief ou franc-alleu dont il était mouvant. L'héritage qui le devait s'appelait censive.

Le cens constituait en principe un impôt direct. Tantôt il possédait ce caractère d'une façon exclusive; il se bornait alors à la redevance annuelle, et dans les mutations de l'héritage censuel ne produisait aucun profit de lods et ventes : c'était le cens truant, appelé encore cens mort, cens stérile (1). Ce cens était usité dans très-peu de coutumes. Tantôt au contraire le cens prenait un caractère mixte : en tant qu'impôt direct, il donnait lieu à la redevance annuelle ; en tant qu'impôt indirect il produisait à chaque mutation des profits de lods et ventes ; on l'appelait pour cela cens portant lods et ventes. Il était pratiqué dans presque toutes les coutumes.

Les lods et ventes étaient donc les droits qui se payaient au seigneur direct par l'acquéreur de l'héritage censuel. Toutefois

_________

(1) Berry, t. 6. — art. 4.

ils n'étaient dus que si la mutation avait lieu à titre de vente ou d'acte équipollent à vente. C'était en quelque sorte une portion du prix de vente que le seigneur s'était réservé par le bail censuel en vertu de son droit de souveraineté. On suivait en cette matière les règles usitées pour la perception du droit de quint (1).

Le taux des lods et ventes variait suivant les coutumes ; il était du sixième du prix dans l'Angoumois et le Poitou ; le roi Jean le fixa également au sixième dans ses domaines ; d'autres le fixèrent au douzième ou au treizième ; dans la plupart des coutumes il était du douzième. Le prix à raison duquel les lods et ventes étaient dus était le prix convenu entre les parties et écrit au contrat et non le juste prix de la valeur de la chose. Le seigneur n'était pas recevable à arguer de la vileté du prix et à demander qu'il fût fait une estimation.

La vente de l'héritage censuel produisait des lods et ventes dans la plupart des coutumes: telle était la règle ordinaire. Quelques coutumes cependant, comme celle de Sens, distinguaient les lods et les ventes et en faisaient deux droits séparés et distincts (1). Au contraire la coutume locale d'Issoudun en Berry n'exigeait pas de lods et ventes en cas de mutation de l'héritage censuel, à moins qu'ils ne fussent expressément stipulés par le bail à cens.

Les règles que nous venons de voir sur les lods et ventes étaient suivies dans les pays coutumiers. Dans les pays de droit écrit les droits seigneuriaux, occasionnés par les ventes des héritages roturiers se nommaient lods et non pas lods et ventes. Ce droit de lods était ordinairement de la sixième partie du prix, et il était dû dans toutes les mutations pareilles à celles pour lesquelles il y avait lieu d'exiger des lods et ventes dans les pays coutumiers. Une différence importante distinguait cependant les pays coutumiers des pays de droit écrit. Tandis que dans les

---

(1) De Ferrière Nouv. Inst. II. 4 art. 54.

(1) Il est permis de supposer qu'à l'origine il en était ainsi dans la plupart des coutumes: le vendeur payait un droit de vente et l'acheteur un droit de lods. Peu à peu la combinaison de ces deux droits forma un droit unique, le droit de lods et ventes.

pays coutumiers aucun droit de lods et ventes n'était dû lorsque
la mutation de l'héritage en censive avait lieu par suite de succession ou de donation, dans les pays de droit écrit les droits
de lods se payaient pour toute transmission, qu'elle fût à titre
gratuit ou à titre onéreux, entre-vifs ou à cause de mort. Le taux
seul variait : tandis que pour la vente il était du sixième, il était
du douzième en cas de succession et de donation : cette différence de taux justifiait l'expression mi-lods dont on se servait
pour désigner les droits seigneuriaux dans la dernière hypothèse (1). De même que le droit de rachat, les mi-lods ne frappaient
pas les successions qui arrivaient par succession en ligne directe.

FRANC-FIEF. — Le franc-fief était le droit de mutation qu'un roturier payait au seigneur suzerain quand il se rendait acquéreur
d'un fief ou autre bien noble dépendant de la mouvance de ce
dernier. Ce droit date du treizième siècle. A cette époque beaucoup de fiefs tombèrent en possession des roturiers et comme
ceux-ci ne pouvaient ou ne voulaient acquitter le service de
guerre (2), ils diminuaient par là la valeur du fief au détriment du
suzerain et notamment du roi. Celui-ci aurait eu le droit de con-
fisquer le fief pour cause d'abrégement, et pour l'empêcher d'user
de ce droit, les possesseurs du fief étaient obligés de l'indemniser
en achetant la liberté du fief, en le faisant franc-fief. Philippe III
le premier, dans une ordonnance de 1275, fixa une taxe moyennant laquelle le traité de vente était concédé (3). La perception de
cette taxe devint dès lors une habitude. Toutefois, si aucun abrégement n'avait lieu, c'est-à-dire si le possesseur fournissait le
service de guerre, il n'était tenu à cette époque d'aucun droit de
franc-fief ; il en était de même s'il y avait entre lui et le roi trois
seigneurs, ou si le bien se trouvait dans les domaines d'un grand
vassal, seigneur souverain. Mais en 1291 Philippe-le-Bel aggrava
l'obligation en se faisant payer dans tous ces cas par les acqué-

(1) Coutumes du Lyonnais, du Beaujolais, du Maconnais et du Forez.
(2) Assises de Jean d'Ibelin ch. 187.
(3) Loisel I, 1, 10.

reurs roturiers trois fois le revenu de l'année et en outre une indemnité par ceux qui ne fournissaient pas le service militaire. Les seigneurs suzerains dans leurs domaines imitèrent peu-à-peu l'exemple du roi et exigèrent aussi le paiement d'un droit toutes les fois qu'un bien noble de leur mouvance passait dans les mains d'un roturier.

Le taux du droit de franc-fief variait suivant les coutumes et suivant les époques. Dans le domaine de la couronne, ce droit n'avait au début rien de fixe ; les besoins de l'Etat en déterminaient la recherche et on faisait payer les roturiers à proportion de leur jouissance passée sans anticiper sur le temps à venir. Vers le règne de François Ier, le droit de franc-fief fut levé de vingt en vingt ans sur le pied d'une année de revenu pour vingt années de jouissance passées. La taxe perdait ainsi son caractère de droit de mutation pour prendre celui d'une imposition directe assise sur les roturiers. Louis XIV ordonna également le recouvrement du droit de franc-fief sur le pied d'une année de revenu pour vingt années de jouissance depuis 1633 jusqu'à 1653 (1). Il ordonna ensuite par édit de Mars 1655 que ce droit serait commué en un droit annuel payable dans le premier mois de chaque année sur le pied du vingtième denier du revenu d'une année. Cet édit fut lui-même révoqué par celui de Nov. 1650 qui accordait l'affranchissement du droit annuel en payant deux années de revenus : le droit de franc-fief devenait de nouveau un véritable droit de mutation. L'édit de 1650 fut confirmé par l'édit de Mars 1672 qui exigeait le paiement du revenu de trois années. La déclaration d'Août 1692 confirmée par la déclaration du 9 Mars 1700 rétablit l'ancien système en décidant que le droit serait payé après l'an et jour des acquisitions sur le pied d'une année de revenu pour vingt années de jouissance. Le paiement du droit ne pouvait être poursuivi pendant l'année qui suivait l'acquisition du fief, mais il pouvait l'être, sitôt l'année expirée.

Pour faire la liquidation du droit, le roturier devait remettre au fermier ou à ses préposés des déclarations exactes contenant le nom des fiefs et autres biens nobles qu'il avait acquis, le lieu

(1) Déclaration du 29 Déc. 1652.

de leur situation, leur consistance, leur titre et leur prix d'acquisition, les trois derniers baux qui en avaient été faits, ou le revenu perçu (1). Le revenu constaté par le bail valait estimation (2). A défaut de bail l'estimation par experts était admise.

Le droit de franc-fief était dû sans déduction des redevances emphythéotiques ou des rentes foncières qui pouvaient peser sur le fief (3). Si la propriété et l'usufruit des biens nobles appartenaient à deux particuliers différents, le seul usufruitier, s'il était roturier, payait le droit de franc-fief.

### § 2. — PRIVILÉGES ACCORDÉS A CERTAINES PERSONNES.

L'exemption de l'obligation de payer les droits de quint, rachat, lods et ventes et francs-fiefs constituait un privilége, qui en principe, n'était pas valable. Il était en effet contraire à la règle de l'inaliénabilité des biens du domaine. Ces concessions de priviléges se renouvelèrent cependant très-fréquemment : tantôt elles portaient sur tous les droits domaniaux casuels en général, tantôt sur l'un d'eux en particulier. Je n'en citerai que quelques exemples.

Des édits successifs exemptèrent du droit de quint pour les mutations de biens mouvants du roi les secrétaires du roi du grand collége, les officiers de la grande chancellerie, les officiers de la Cour des aides et de la Chambre des comptes, les trésoriers de France, les chevaliers et officiers de l'Ordre du Saint-Esprit, les maîtres des requêtes, les officiers du parlement de Paris dans tout le royaume, les secrétaires du roi et autres officiers des chancelleries établies près des cours dans l'étendue du ressort desdites cours. Les privilégiés ne jouissaient de cette exemption que pour les biens qui se trouvaient soit dans la mouvance

---

(1) Art. 5. Décl. 9 mars 1700. — Art. 5 édit de mai 1708.

(2) Arrêt de règlement du 16 août 1692. — Du Conseil 15 février 1724.— 10 juillet 1736.

(3) Arrêt du 30 mars 1734. — Décision du 26 avril 1740. — 6 mars 1752.

immédiate du roi, soit dans les mouvances des domaines des engagistes ou des apanagistes, soit enfin dans les mouvances des seigneuries qui se trouvaient en la main du roi par droit de régale ou de saisie féodale. Ils étaient tenus sans aucune exception de payer les droits pour les biens situés dans les mouvances des seigneurs particuliers (1). De plus, comme ce privilége était dérogatoire au droit commun il fallait l'interpréter restrictivement. Ainsi celui qui était déclaré exempt de droits en vendant et en achetant ne devait jouir de l'exemption en vendant que si les biens se trouvaient dans une coutume qui mettait les droits à la charge du vendeur et, en achetant, que s'il acquérait dans une coutume où les droits étaient à la charge de l'acquéreur. En un mot, l'exemption n'avait lieu que lorsque les droits à payer étaient, d'après la coutume, à la charge du privilégié : l'exemption, disait-on, est un jus *solvendi* et non pas un jus *exigendi*. Cette distinction était tout à fait contraire à cette vérité économique d'après laquelle toutes les charges mises à une mutation de propriété sont le plus souvent supportées en définitif par le vendeur.

Ces concessions de priviléges entraînaient des inconvénients multiples. Il arrivait en effet que plusieurs maisons illustres achetaient, moyennant un prix modique, des charges auxquelles le privilége était annexé, dans le seul but de jouir de l'exemption des droits dûs au roi en vendant et en achetant. Il arrivait aussi qu'un particulier non privilégié qui était dans le dessein d'acquérir un immeuble, se faisait pourvoir d'un office et jouissait ainsi de l'exemption des droits; l'acquisition faite, il revendait l'office qui devait bientôt servir au même usage en faveur d'un autre.

Si une contestation s'élevait sur un privilége, il appartenait au roi et à son Conseil de prononcer sur elle, sauf s'il s'agissait des officiers du parlement de Paris, auquel cas compétence restait au parlement (2).

Certaines exemptions furent également accordées à l'égard des

---

(1) Arrêts 21 mars 1682, 23 décembre 1788.
(2) Arrêt du 20 avril 1786.

droits de franc-fief. La première appartenait aux ecclésiastiques
faisant partie du clergé de France (1) ; les autres furent concé-
dées à certaines villes. Tantôt ces concessions se faisaient gratuitement ou moyennant une certaine somme que la ville acquittait une fois pour toutes, et les habitants étaient alors déclarés
habiles à posséder des fiefs et biens nobles sans payer le droit de
franc-fief. Tantôt elles avaient lieu à titre d'abonnement moyennant une somme annuelle payée par la ville. Les villes qui jouissaient de la première espèce d'exemption étaient appelées villes
privilégiées ; celles qui jouissaient de la seconde étaient dites
villes abonnées. Le privilége était personnel aux habitants de
ces villes et par habitants on entendait : 1° ceux qui étaient originaires de ces villes et qui y faisaient leur résidence habituelle;
2° ceux qui, n'étant pas originaires de ces villes, y avaient depuis
dix ans une habitation réelle et non simulée et qui, en conséquence, pouvaient avoir contribué aux charges et impositions de
la ville (2).

La déclaration du 16 juillet 1702 mentionne encore pour la
supprimer l'ancienne distinction entre les villes privilégiées et
les villes abonnées. Elle restreint pour les villes privilégiées
l'exemption du droit de franc-fief aux habitants qui personnellement ont financé au moment de la concession du privilége et à
ceux qui, n'ayant pas contribué à l'achat du privilége, paieraient
une année de revenu de leurs fiefs et biens nobles : les uns et les
autres devaient continuer à jouir de l'exemption du droit de
franc-fief pendant leur vie ; mais cette génération éteinte, la ville
perdait son privilége. A l'égard des villes abonnées, l'exemption
fut limitée à une possession de 20 années. Malgré cette déclaration de nouveaux abonnements furent concédés à Abbeville,
Péronne, Chartres, le Mans, Orléans. La province du Perche
resta abonnée jusqu'en 1762 mais pour les fiefs bursaux seulement.

Lorsque le roi avait un besoin pressant d'argent, il avait
souvent recours à des concessions de priviléges qu'il vendait

---

(1) Décl. 28 février 1640. — Arrêt du 13 avril 1751. — Art. XVI.
(2) Arrêts du Conseil 26 février 1787. — 22 avril 1750. — 30 avril 1757.

plus ou moins cher et pour un temps plus ou moins long ; souvent même il les accordait comme devant être perpétuels, ce qui n'empêchait pas lui ou ses successeurs de les révoquer ensuite sous prétexte que les droits du domaine étaient inaliénables. Ces priviléges étaient le plus souvent généraux ; ils s'étendaient aux droits de quint, de rachat, de lods et ventes, de franc-fief. En voici quelques exemples.

Une déclaration du roi datée du 28 janvier 1651 accorde aux possesseurs de biens en la censive et mouvance de S. M. la faculté de s'affranchir pour l'avenir du paiement des lods et ventes, quint, requint, relief et autres droits casuels en payant une fois pour toutes l'indemnité fixée par elle.

Un autre édit du mois de mars 1693 affranchit moyennant une somme d'argent payable de suite les fiefs, maisons, places, échopes, boutiques, étaux, boucheries, halles, moulins et autres biens, des droits de quint, rachat, lods et vente et autres droits seigneuriaux casuels dûs au roi en cas de vente, d'échange ou mutation par mort. Cet édit réserve toutefois pour les fiefs un louis d'or et à l'égard des rotures 5 sous pour tous droits de mutation.

## § 3. — MODE DE PERCEPTION DES DROITS DE MUTATION.

D'après la loi des fiefs le seigneur avait deux moyens d'exiger les profits qui lui étaient dûs : la saisie féodale ou la demande en justice. Par la saisie il se mettait en possession du fief, jusqu'à ce que le nouveau vassal lui eût fait hommage ; et comme la *réception en foi* du vassal était subordonnée au paiement des droits seigneuriaux, le seigneur en exigeant l'une par la saisie, obtenait également l'autre. Par la demande en justice, il arrivait directement au recouvrement de ses droits seigneuriaux. L'action qui lui compétait était personnelle contre l'acquéreur et ses héritiers ; elle était hypothécaire privilégiée sur le bien avec droit de suite contre tout tiers détenteur (1). Le seigneur n'était point tenu de discuter celui qui personnellement devait le droit de mutation; il pouvait poursuivre le détenteur actuel du fief à raison des mutations antérieures à sa possession (2) : le possesseur avait dans ce cas seulement le droit de délaisser le fief. L'usage était que le seigneur ne devait pas commencer par user de la voie de la saisie; il devait d'abord assigner le détenteur et faire déclarer l'héritage affecté et hypothéqué à ses droits seigneuriaux (3).

Ces règles générales recevaient dans chaque coutume des dérogations plus ou moins considérables. Dans les provinces du domaine royal surtout la perception des droits de mutation fut l'objet d'une réglementation particulière.

Pendant la période féodale les rois perçurent les droits de mutation conformément à la loi des fiefs : les prévôts veillaient au recouvrement des droits de quint, de rachat et de lods et ventes; les baillis au recouvrement des droits de franc-fief. Ces deux classes d'employés fiscaux avaient coutume dès le treizième siècle de rendre leur compte chaque année.

Ce fut seulement sous Louis XIII que la perception des droits de mutation reçut une organisation particulière. Cette organisation consistait dans la mise à ferme des droits de mutation; mais au lieu de conserver à ces droits leur dénomination de droits féodaux casuels, on prit l'habitude de les désigner sous le nom de droits domaniaux casuels ainsi que les droits d'enregistrement dont nous parlerons dans le chapitre suivant. Ce changement de dénomination n'a point altéré le caractère primitif des droits de mutation : ceux-ci, à l'exception du droit de franc-fief, restèrent toujours des droits seigneuriaux, car le roi ne pouvait les percevoir que sur les fiefs et censives qui se trouvaient dans sa mouvance directe.

Nous avons à rechercher ici de quelle façon était organisée

---

(1) Arrêt du 7 août 1749.
(2) Art. 24. Cout. de Paris.
(3) Art. 81. Cout. de Paris.

la ferme des droits domaniaux casuels et quels étaient les droits et obligations des fermiers.

On croit communément que les fermiers moyennant la finance qu'ils versaient dans le trésor, recueillaient toute la recette des droits affermés et qu'ils étaient chargés de sa perception. Il y a là, en ce qui concerne les fermiers des droits domaniaux casuels, une double erreur qu'il importe de détruire. Et d'abord le fermier ne pouvait prétendre à la totalité des droits domaniaux. L'édit du mois d'août 1669 porte que dans les adjudications des fermes des droits domaniaux les casuels des biens nobles ne seront compris que jusqu'à concurrence de 2000 livres, et que pour ceux au-dessus de cette somme les fermiers auront seulement le tiers, les deux autres tiers étant réservés au roi; seuls les casuels des héritages roturiers devaient appartenir en entier aux fermiers (1). Ces droits du fermier sur la recette des casuels domaniaux furent augmentés par l'art. 7 de l'édit de décembre 1701 : au lieu de deux mille livres le maximum fut porté à trois mille livres, et au-dessus de cette somme on donna au fermier sur l'excédant la moitié au lieu du tiers. Enfin cet excédant, jusque-là réservé au roi, fut affermé moyennant un supplément de prix dans le bail de Forceville du 16 septembre 1738, à la déduction des droits attribués sur l'ensemble de la recette aux procureurs du roi et aux receveurs et contrôleurs généraux des domaines et bois. Il en fut de même dans le bail de Thibault la Rue d'octobre 1743 et dans celui de Girardin d'octobre 1749.

D'un autre côté les fermiers n'avaient sur la perception et le recouvrement des droits domaniaux casuels que des pouvoirs très-limités. L'édit d'avril 1685 avait commencé par établir des offices de receveurs généraux des domaines, dont la mission était de recouvrer les deniers provenant des droits de quint, rachat, etc., qui avaient été réservés au roi dans les baux des fermes : par exemple les deniers excédant les 2000 ou 3000 livres attribuées au fermier. Les lettres patentes du 12 juillet 1687 allèrent plus loin encore : elles décidèrent que les droits de lods et ventes des biens en roture seraient perçus en la manière

<hr>

(1) Bail de Fauconnet du 26 juillet 1681. — Bail de Charrière du 18 mars 1687 — art. 83 et 85.

accoutumée par le fermier, mais que les droits féodaux et autres casuels seraient reçus par les receveurs généraux des domaines : ceux-ci devaient « s'en charger en recette dans leurs comptes, retenir leurs attributions, délivrer aux fermiers la portion qui leur appartenait suivant leurs baux et porter le surplus au trésor royal. » Enfin par l'art. 4 de l'édit de décembre 1701 il est ordonné que les receveurs généraux des domaines recevront en entier tous les droits de quint, requint, reliefs, lods et ventes et autres droits casuels, tant des fiefs que des rotures. Ils devaient délivrer aux fermiers des domaines la part qui leur revenait (1). A partir de cet édit les fermiers des domaines perdirent tout pouvoir sur la perception des droits domaniaux casuels.

Les receveurs et contrôleurs généraux, chargés du recouvrement des droits domaniaux casuels recevaient un traitement proportionné à l'importance de la recette : ils eurent d'abord un sou pour livre de tous les droits casuels (2) ; en 1701 on leur donna cinq sous pour livre (3) ; sur ces cinq sous deux appartenaient au receveur en exercice, un au receveur hors d'exercice et deux aux contrôleurs. Ces différentes sommes attribuées aux fonctionnaires royaux chargés de la perception diminuaient la part qui revenait au fermier : voilà pourquoi le même édit de décembre 1701 attribua aux fermiers le produit des droits domaniaux jusqu'à concurrence de 3000 livres au lieu de 2000. Les frais de régie étaient à la charge des receveurs et contrôleurs qui devaient les imputer sur leur traitement, et lorsque ceux-ci remettaient au fermier la somme qui lui revenait ils ne pouvaient faire aucune déduction sous prétexte de remise ou frais de régie à la réserve toutefois des frais faits contre les redevables : ces sortes de frais devaient être prélevés sur le total de la recette (4).

J'ai déjà dit quel était le taux du droit perçu pour chaque genre de mutation. Je dois ajouter ici que des centimes addition-

---

(1) Dans le même sens art. 4 édit de décembre 1727.
(2) Edits d'avril 1685, — décembre 1689. — avril 1694.
(3) Edit de décembre 1701.
(4) Arrêt du Conseil du 11 septembre 1791.

— 93 —

nels furent ajoutés à ce taux primitif sous le nom de sous pour
livre. La déclaration du 3 mars 1705 confirmée par celle du 7
juillet de la même année avait ordonné qu'il serait levé pendant
une année un dixième ou deux sous pour livre sur tous les droits
des fermes. Celles du 18 septembre 1706 et du 11 janvier 1707
déclarèrent que la perception du dixième en sus de la taxe primitive serait continuée jusqu'à ce qu'il en fut autrement ordonné.
Cet ordre contraire ne fut jamais donné; les deux sous pour livre
furent même doublés par déclaration du 7 mai 1715 (quatre sous
pour livre).

Les receveurs, chargés de la perception, ne pouvaient décerner
des contraintes contre les redevables; ils devaient les assigner
devant les trésoriers de France pour les faire condamner au
paiement de ce qui était dû. Si une demande en remise ou
modération, appelée *dépri*, était formulée, il fallait, pour y
accéder, tantôt l'intervention du fermier seul, tantôt celle du
fermier et des receveurs et contrôleurs. Le fermier ne pouvait accorder de remise que sur le montant de la part qui lui
revenait; il fallait le concours des receveurs et autres officiers
du domaine pour que la remise pût avoir lieu sur les cinq sous
pour livre qui leur appartenaient. Le droit ainsi payé par composition était irrévocable alors même que l'acquisition venait à être
révoquée par suite d'un retrait (1), ou que la sentence qui pro-
nonçait la condamnation sur laquelle avait lieu la composition
était réformée sur l'appel (2).

Le recouvrement des droits de franc-fief resta soumis à une
organisation spéciale. Jusqu'en 1689 la recherche de ces droits
se faisait, nous l'avons vu déjà, tous les vingt ou trente ans selon
les besoins de l'État, et le recouvrement s'en faisait soit à titre
de régie, soit à titre de traité. Louis XIV les afferma pour la
première fois, mais il réunit dans les mêmes mains au lieu de les
diviser, comme il l'avait fait pour les profits de quint et de rachat,
le droit de conserver le produit de l'impôt et celui de le perce-

---

(1) Arrêt du 23 juillet 1697.
(2) Décision du 16 novembre 1752.

voir. Ce double droit appartint au fermier et les règles auxquelles
fut soumis le recouvrement des droits de franc-fief furent les
mêmes que pour le recouvrement des droits d'amortissement
dont nous allons nous occuper dans le paragraphe suivant.

### § 4. DU DROIT D'AMORTISSEMENT.

A côté des droits de mutation j'ai cru devoir placer le droit
d'amortissement. Ce droit était en effet dans l'ancien droit un
véritable droit de mutation, car il était perçu à chaque mutation
de propriété au profit d'une personne morale, et il avait été
établi pour remplacer les droits de quint, de rachat, et de lods
et ventes auxquels les personnes morales par leur nature
même, étaient en partie soustraites.

L'origine du droit d'amortissement remonte d'après les uns à
Philippe-le-Long; d'après les autres à Saint Louis. Ce dernier
prince décida que les églises, à qui des dons de terre étaient faits,
devaient traiter avec le seigneur sur l'indemnité qui pourrait lui
être due; si elles n'étaient pas d'accord avec lui, elles devaient
aliéner dans l'année l'héritage acquis sous peine de confiscation au
profit du seigneur. Cette décision aurait, dit-on, donné naissance
au droit d'indemnité dû par les gens de main-morte au seigneur (1).
Pocquet de Livonnière (2) remonte plus haut encore; il dit qu'autrefois les ecclésiastiques qui possédaient des fiefs, étaient obligés
de servir personnellement le roi en guerre et que, comme l'exercice des armes ne convenait pas à leur profession, ils furent
affranchis du service militaire par ordonnance de Charles-le-
Chauve à la charge de payer le droit d'amortissement. Comme
toutes ces opinions reposent sur des suppositions quelque peu
problématiques, il est assez téméraire de se prononcer en faveur
de l'une plutôt qu'en faveur de l'autre. Il est certain toutefois que

---

(1) Etabl. liv. 1 ch. 125. — Ord. du Louvre t. 15 p. XII.
(2) Traité des fiefs l. 1. ch. 4.

le droit d'amortissement repose encore sur cette idée d'indemnité due au seigneur suzerain pour cause d'abrégement de fief. A ce titre il n'appartenait pas exclusivement au roi, comme certains auteurs l'ont prétendu ; tous les seigneurs suzerains pouvaient y prétendre dans leurs domaines (1). Il ne devint un véritable droit régalien, réservé en cette qualité au roi seul, que le jour où les grandes seigneuries furent réunies au domaine de la couronne.

Nous avons à étudier sur le droit d'amortissement trois points principaux : 1° à quelles occasions ce droit était dû ; 2° quel était son taux ; 3° quel était son mode de perception.

1° DANS QUELLES CIRCONSTANCES LE DROIT D'AMORTISSEMENT ÉTAIT DU. — En principe le droit d'amortissement était dû toutes les fois qu'un titre d'acquisitions entre-vifs ou à cause de mort faisait entrer un bien dans le patrimoine d'une personne morale. Par un privilège particulier les acquisitions ayant pour but la décoration et l'utilité des villes et lieux publics furent exemptées du droit d'amortissement : (2) tels étaient les établissements pour casernes, magasins d'abondance, etc. ; toutefois le fonds sur lequel ils étaient construits payait l'amortissement. Pareillement il n'était dû aucun droit à raison des biens donnés par les rois aux personnes morales (3).

Tout échange qui procurait à la main-morte un bien qu'elle ne possédait pas auparavant donnait lieu au droit d'amortissement (4). Les constructions à neuf, produisant une augmentation de revenus étaient également sujettes au droit d'amortissement à proportion de cette augmentation (5). S'il ne s'agissait que de réparations ou d'embellissements, il n'était pas dû d'amortissement quoiqu'il y eût augmentation de revenus. Lorsqu'une contestation s'élevait sur la nature des embellissements pour

---

(1) Brussel. p. 659. — Laurrière. p. 64.
(2) Décl. du 16 Juillet 1702.
(3) Arrêts 1er Déc. 1789. — 1er Mai 1718.
(4) Ord. de Charles VI en 1385.
(5) Décl. des 5 Juill. 1689. — 16 Juill. 1702.

savoir s'il y avait reconstruction ou simple réparation, le conseil statuait sur un rapport fait par experts.

Lorsque la vente était faite avec faculté de réméré le droit d'amortissement était dû sauf, en cas que le retrait conventionnel fût exercé, à faire emploi du remboursement en nouveaux fonds qui étaient amortis jusqu'à même concurrence (1).

S'il s'agit de biens donnés ou acquis entre-vifs, le droit d'amortissement s'ouvre par l'acceptation qui donne la perfection au contrat, alors même que l'exécution de ce contrat serait différée par une réserve d'usufruit ou autrement. La main-morte ne peut même plus valablement au préjudice des droits du roi résilier les donations une fois acceptées (2). Quant aux biens acquis par testament le droit d'amortissement est dû dès l'instant de l'acceptation sans attendre la délivrance (3).

2° QUEL ÉTAIT LE TAUX DU DROIT D'AMORTISSEMENT. — Le droit d'amortissement fut fixé dans le dernier état de l'ancien droit à raison du cinquième de la valeur des biens tenus en fief et du sixième pour les biens tenus en roture (4). Pour les biens en franc-alleu le droit était également fixé au cinquième pour les biens en franc-alleu noble et au sixième pour les biens en franc-alleu roturier (5). Ces droits étaient différents dans les provinces du Roussillon, de Flandre, du Hainaut et de l'Artois.

Pour la liquidation des droits d'amortissement, les fermiers n'étaient pas tenus à la différence de ce qui avait lieu pour les droits de quint, de rachat et de franc-fief, de s'en rapporter aux estimations faites par les contrats d'acquisition ou par les actes de donation. Ils pouvaient faire procéder à l'estimation des biens par des experts convenus ou nommés d'office par les intendants (6).

Le droit était dû sur la valeur du bien sans déduction de

---

(1) Arrêt du Conseil 18 Janv. 1725. — Arrêt de règlement du 21 Janv. 1788.
(2) Arrêt du Conseil 26 Avril 1723. — Décisions 23 Avril 1741, 28 Sept. 1746.
(3) Décisions 11 Oct. 1741. — 17 Févr. 1748.
(4) Décl. du 31 Nov. 1724.
(5) Art. 5 arrêt de règlement du 13 Avril 1751.
(6) Art. 15. règlement 21 Janv. 1788.

l'usufruit réservé, ou d'aucune autre charge telle que rente viagère (1).

3° Mode de perception du droit d'amortissement. — Le recouvrement du droit d'amortissement de même que le recouvrement du droit de franc-fief, se fit longtemps soit à titre de traité soit à titre de régie. Il fut mis en ferme en 1700. A partir de ce moment le recouvrement se fit en vertu de contraintes décernées par le fermier, visées par ses cautions et par les intendants. Le paiement était reçu par le fermier sur la quittance des receveurs-généraux des domaines, contrôlée par les contrôleurs généraux ou sur un récépisé du fermier portant promesse de fournir cette quittance aux redevables. C'était sur la présentation de ces quittances qu'étaient délivrées les lettres d'amortissement, scellées du grand sceau et enregistrées à la chambre des comptes et au parlement: ces lettres avaient pour effet de rendre les gens de main-morte capables de posséder les biens qui y étaient désignés.

Si la main-morte n'était pas connue, le fermier pouvait s'adresser aux héritiers du donateur, mais lorsqu'elle était désignée dans l'acte, il devait s'adresser à elle pour le paiement de l'amortissement qui lui était personnel, sauf à elle à exercer un recours s'il y avait lieu. La jurisprudence n'admettait pas ce recours lorsqu'il s'agissait de donations entre-vifs, à moins que l'acquit des droits ne fût une clause de la donation. Si au contraire il s'agissait de legs, le recours était admis toutes les fois que le testateur n'avait pas absorbé tout ce dont il pouvait disposer suivant les lois (2).

Le fermier avait trois ans après son bail pour s'assurer par des demandes en bonne forme les droits ouverts à son profit pendant le cours de son bail, mais il ne pouvait remonter au-delà de vingt années antérieures au jour de sa demande ; les droits échus depuis plus de vingt ans appartenaient au roi et lui étaient réservés (3).

---

(1) Arrêt 12 Mars 1726. — Décisions, — 15 Mars 1743. — 11 Mars 1750.

(2) Arrêts du parlement de Paris 1er Sept. 1690. — De Toulouse 9 Avril 1717—7 Sept. 1718.

(3) Art. 529 du bail de Forceville du 16 Sept. 1738.

La première signification de la contrainte était une charge du recouvrement qu'on ne pouvait faire supporter aux redevables. Ceux-ci avaient un mois à compter du jour de cette notification pour se pourvoir en opposition ; faute par eux de proposer leurs moyens dans ce délai, les poursuites se continuaient à leurs frais (1). Avant que le droit d'amortissement fût affermé, les redevables formulaient leur opposition devant des commissaires spéciaux auxquels avait été attribuée toute juridiction pour connaître des contestations qui s'élevaient sur la recherche, la liquidation et le recouvrement du droit d'amortissement (2). Louis XIII se réserva ensuite la connaissance de ces droits, à l'exclusion des parlements et de la chambre des comptes (3). Il commença par nommer des commissaires spéciaux, puis il établit une chambre souveraine, appelée chambre des droits d'amortissement. Cette chambre devait tenir ses séances au Louvre et ses membres étaient pris parmi les conseillers d'Etat, les intendants et contrôleurs généraux des finances et les maîtres de requêtes.

Cette juridiction spéciale fut supprimée en 1700 et les intendants et commissaires départis furent rendus compétents pour juger les contestations relatives au droit d'amortissement (4). Les oppositions qui étaient portées devant eux devaient être instruites sommairement et sans frais, et la décision des intendants s'exécutait nonobstant et sans préjudice de l'appel devant le conseil de finances. Cette compétence attribuée aux intendants leur fut, il est vrai, retirée par un édit de mai 1708 pour être donnée aux officiers des bureaux des finances, mais elle leur fut rendue d'une façon définitive deux années plus tard, en 1710 (5).

Les règles que nous venons de passer en revue étaient également ment applicables au recouvrement des droits de franc-fief.

---

(1) Arrêts du conseil 11 Mars 1707—6 Oct. 1722.
(2) Lettres patentes des 2 Avril 1609 et 22 Oct. 1613.
(3) Décl. du 19 Avril 1639.
(4) Déclaration du 9 mars 1700.
(5) Arrêt du Conseil, 4 nov. 1710.

# CHAPITRE III.

---

## DROITS D'ENREGISTREMENT ET DE TIMBRE.



Sous le nom générique de droits de contrôle, des droits d'enregistrement étaient perçus sur les actes judiciaires et sur les actes passés par-devant notaires. On appelait spécialement droits de greffe les droits perçus sur les actes judiciaires et droits d'insinuations ceux perçus sur les actes notariés  A la différence des droits de mutation, les droits d'enregistrement étaient des droits domaniaux et régaliens et à ce titre appartenaient exclusivement au roi dans toute l'étendue du royaume.

Le premier droit d'enregistrement date de François I<sup>er</sup>; il ne portait à cette époque que sur les donations entre-vifs. Ce fut seulement quelques années plus tard que le droit fut étendu à tous les contrats et autres dispositions entre-vifs ou de dernière volonté ayant pour objet une somme supérieure à 50 livres. L'enregistrement de ces actes se faisait au greffe des tribunaux (1). En 1581, sous Henri III, fut créé le contrôle des actes judi-

---

(1) Ord. de mai 1559.

claires (1). Auprès de chaque siège royal, un bureau fut établi pour enregistrer les actes soumis au contrôle : le droit était de dix sols par peau de parchemin, et de deux sols par feuille de papier. En 1594, le tarif des droits d'enregistrement fut modifié et tous les actes authentiques, judiciaires ou notariés furent assujettis à un nouveau droit de sceau (2). En 1627 (3), Louis XIII créa dans chacune des cours et juridictions du royaume des offices de contrôleurs, chargés de contrôler et enregistrer tous les actes qui étaient reçus et expédiés par les notaires et les greffiers. Ces contrôleurs recevaient d'après l'édit du 1er oct. 1674, 4 sous pour livre du montant des droits de contrôle; l'édit de mars 1695 leur attribua moyennant finance la totalité de ces droits, mais par édit de janvier 1698 tous ces offices furent supprimés, pour être de nouveau rétablis puis supprimés. L'édit de mars 1714 les abolit définitivement; les droits de contrôle furent affermés et les anciennes fonctions des contrôleurs furent exercées par les commis du fermier en vertu de pouvoirs qui leur furent donnés à cet effet. La déclaration du 29 septembre 1722 confirma cet édit, et révoqua tous les abonnements des droits de contrôle qui avaient été concédés dans le passé. Sur les remontrances de Malesherbes présentées au nom de la cour des aides en 1775, Louis XVI renonça au système de la mise à ferme des droits d'enregistrement; la perception de ces droits fut alors confiée à l'administration générale des domaines du roi (4).

Étaient sujets au droit de contrôle tous les actes passés par les greffiers dans les justices royales et par les notaires ou autres tabellions. Une fraude pourtant s'était introduite : on passait la plupart des actes sous signature privée pour éviter de payer le droit de contrôle. L'édit d'oct. 1705 prévint cette fraude en décidant que les actes sous signature privée, devaient être contrôlés « avant que de pouvoir en vertu d'iceux faire aucune demande « en justice, exploits, ni actes en conséquence. »

---

(1) Édit de juin 1581.
(2) Édit de janv. 1594.
(3) Édit de juin 1627.
(4) Arrêt du conseil du 9 janvier 1780.

Certains actes étaient soumis à un enregistrement spécial : au lieu d'être contrôlés par les contrôleurs des actes, et plus tard par les fermiers, ils l'étaient par les receveurs et contrôleurs-généraux des domaines. Ces actes étaient tous les actes translatifs de propriété des biens tenus dans la mouvance du roi en fief ou en roture, ou sujets envers le roi à quelques droits seigneuriaux. Cet ensaisinement des mutations de propriété des biens mouvants du roi par les employés du domaine avait pour but de conserver les directes et mouvances du roi, en faisant connaître les mutations qui arrivaient du chef des détenteurs de ces biens, et de parvenir au renouvellement des terriers. Le droit perçu pour cet ensaisinement, peu considérable du reste, était entièrement attribué aux receveurs et contrôleurs-généraux des domaines : on le considérait plutôt comme étant la rémunération d'un service rendu que comme un véritable impôt (1). Les biens qui relevaient des seigneurs particuliers n'étaient pas assujettis à cet ensaisinement ; il en était de même de ceux qui, tout en relevant du roi, n'étaient soumis à aucun exercice de la directe, tels étaient ceux qui jouissaient d'un franc-alleu absolu.

Le taux des droits de contrôle était fixé par des tarifs. Ceux-ci ont varié suivant les époques. Le paiement du droit se faisait dans les bureaux qui se trouvaient dans tous les sièges royaux et seigneuriaux, dans les villes et bourgs où il y avait foire ou marché, et dans les autres lieux désignés par les intendants (2). Toutefois les donations entre-vifs ne pouvaient être insinuées que dans les bureaux établis près des sièges royaux ressortissants aux cours (3). Pour assurer le recouvrement des droits de contrôle et éviter toute fraude, les greffiers, notaires et autres tabellions, devaient délivrer aux contrôleurs et aux receveurs-généraux des domaines, de six mois en six mois, des extraits des actes translatifs de propriété des biens dans la mouvance du roi : on leur payait 5 sous par extrait (4).

---

(1) Édits juin 1725, — déc. 1727.
(2) Décl. 21 mars 1671. — 19 juill. 1701.
(3) Décl. 17 févr. 1731.
(4) Arrêt du Conseil 21 nov. 1667. — Art. 20 édit. de déc. 1701.

Les poursuites étaient faites par les contrôleurs des actes, et plus tard par le fermier : la contrainte que celui-ci décernait n'avait pas besoin d'être visée par l'intendant (1). Les frais que les poursuites entraînaient étaient à la charge des redevables à la différence des frais de premier avertissement pour droits de f anc-fief et d'amortissement. Huit jours après le commandement de payer, les redevables pouvaient être contraints au paiement des droits de contrôle par logement effectif d'un archer porteur de contrainte, auquel il devait être payé 20 sous par jour (2). Le fermier ne pouvait toutefois user arbitrairement de la garnison ; il devait, pour l'employer, avoir une autorisation de l'intendant de la généralité (3).

La connaissance des contestations et contraventions relatives aux droits de contrôle appartenait aux intendants (4). Cette compétence leur fut enlevée en 1704 pour être attribuée aux trésoriers de France (5), mais elle leur fut rendue en 1706 (6). Le motif de cette attribution, disait M. Desmarets, contrôleur général des finances, est que MM. les intendants, en jugeant ces sortes de contestations, sont à même de le faire en conformité des édits, déclarations, arrêts et règlements. Un autre motif était que ces contestations devaient être décidées sommairement et à peu de frais. Les intendants jugeaient en première instance; l'appel appartenait au Conseil des Finances (7).

Jusqu'en 1704, époque à laquelle les intendants furent remplacés par les trésoriers de France, les intendants étaient compétents pour instruire et juger en dernier ressort avec des gradués en nombre requis par les ordonnances les procès à l'extraordinaire faits aux commis du fermier, notaires ou autres, coupables de malversations dans la régie des droits de contrôle. Cette attribut'on cessa naturellement en 1704 et comme les déclara-

---

(1) Arrêt et règlement 25 mai 1720 — Décision 19 mai 1752.
(2) Règl. du 18 avril 1728.
(3) Décision au 22 mars 1732.
(4) Edit de mars 1696.
(5) Edit de février 1704.
(6) Décl. du 14 septembre 1706.
(7) Aarêts du conseil des 11 sept. 1703. — 25 mai 1720. — Règlement du conseil du 28 juin 1738.

rations de 1706 qui rétablissaient les intendants à leur ancien poste ne contenaient pas un pouvoir spécial de juger à l'extraordinaire, il a fallu depuis ce temps obtenir un arrêt d'attribution pour chaque affaire en particulier. Il n'y avait d'exception que pour la province de Bretagne où un arrêt du Conseil du 22 mai 1759 attribua aux intendants compétence en matière criminelle.

A la fin du règne de Louis XIV (1704) un nouveau droit d'enregistrement fut perçu, en outre du droit de contrôle, à chaque mutation de propriété. On l'appelait le centième denier. C'était un droit d'enregistrement, car on le considérait comme étant le salaire de l'insinuation à laquelle fut assujetti tout acte translatif de propriété immobilière. C'était aussi un droit de mutation, car il était seulement perçu sur les actes translatifs de propriété ou d'usufruit. S'il s'agissait d'une mutation par acte entre-vifs la perception du droit se faisait sur la présentation de l'acte translatif de propriété qui devait être insinué. Les mutations par succession testamentaire ou *ab intestat* furent soumises à une déclaration servant de base à la perception du droit. Etaient exceptées de la taxe les mutations arrivant en ligne directe par contrat de mariage, par testament ou par succession *ab intestat*.

Le droit de centième denier était dû alors même que le bien n'était pas sujet aux lods et ventes et autres droits seigneuriaux. A la différence des droits de quint, rachat, lods et vente, ce nouveau droit de mutation était général, s'étendait à tout le royaume, et ne souffrait aucune exception (1). Même les seigneurs devaient le droit de centième denier pour les immeubles qu'ils acquéraient par droit de confiscation soit à titre de seigneur haut justicier, soit à titre de seigneur féodal. Si les biens confisqués étaient adjugés au roi, il n'était dû aucun droit de centième denier (2).

L'insinuation qui donnait lieu à la perception du droit de centième denier se faisait dans les bureaux où avait lieu le contrôle des actes. Elle était effectuée à la diligence des notaires pour les actes suivants qu'ils passaient : contrats de vente, baux à rente foncière, baux emphythéotiques, ventes à faculté de

---

(1) Décl. 20 mars 1708.
(2) Décision 19 mai 1726.

réméré, antichrèses, échanges et autres actes translatifs de propriété; en cas d'échange un double droit était dû car il y avait double mutation. Cette insinuation devait être faite dans la quinzaine de la date de l'acte, et il était défendu aux notaires de délivrer aux parties un acte qui n'avait pas encore été insinué, à peine de 300 livres d'amende. Certains actes toutefois étaient insinués à la diligence des parties : c'étaient les substitutions, les donations entre-vifs et les actes translatifs de propriété d'immeubles situés hors l'étendue des bureaux de la demeure du notaire. Dans ce dernier cas le délai pour l'insinuation était de trois mois. En cas de non enregistrement dans le délai fixé, le droit était triplé et on pouvait procéder à la saisie des revenus des biens. Le bureau où devait se faire l'insinuation et où était payé le droit de centième denier était le bureau de la situation des biens.

Le droit de centième denier était, comme son nom l'indique, fixé au centième de la valeur de l'immeuble acquis. Pour connaître cette valeur, on se référait au prix fixé par le contrat ou à l'estimation amiable du fermier et du propriétaire et, s'il y avait contestation, à l'estimation faite par experts convenus ou nommés d'office par les juges auxquels la connaissance du droit de contrôle était attribuée (1). On devait dans l'estimation de la valeur du bien prendre en considération certaines charges dont il était grevé. Par exemple s'il y avait une rente foncière, le droit était dû tant sur le prix que sur le capital de la rente (2) ; s'il s'agissait d'une donation entre-vifs, ou d'une mutation à titre successif on devait déduire les rentes foncières non rachetables dûes sur les biens transmis (3), mais non les rentes viagères, l'usufruit et autres jouissances retenues (4).

Le détenteur d'un immeuble était tenu de payer tous les droits de centième denier dont le bien était chargé à cause des mutations antérieures à son titre de propriété ou de possession ; il pouvait être contraint au paiement sauf son recours contre les

---

(1) Édit d'août 1706.
(2) Arrêt 10 septembre 1721 — décision 7 août 1745.
(3) Décision 30 avril 1725.
(4) Décision 11 août 1731 — arrêts 2 octobre 1714 — 29 mars 1753.

précédents propriétaires (1). Le fermier pouvait aussi s'adresser directement au débiteur. Même les simples détenteurs à titre d'usufruit étaient tenus des droits de centième denier pour les mutations du bien dont ils jouissaient; on donnait pour raison que le droit de centième denier était spécialement affecté sur les fruits (2). Lorsque le détenteur était ainsi poursuivi pour les droits de mutations antérieures à son titre, il n'était tenu de payer que le simple droit; pour le triple droit et autres peines qu'entraînait le défaut d'insinuation dans le délai fixé, le fermier n'avait d'action que contre les débiteurs personnels ou leurs héritiers (3).

Seuls les adjudicataires d'immeubles par acte judiciaire étaient déchargés des droits de centième denier dûs pour des mutations antérieures à leur adjudication : le fermier devait se pourvoir contre les débiteurs personnels. Cette exception elle-même cessait quand les adjudicataires étaient encore redevables du prix en tout ou en partie (4).

Jusqu'en 1714 les greffiers de l'insinuation et les percepteurs du droit de centième denier auquel elle donnait lieu étaient les employés chargés du contrôle des actes. En 1714 (5) le droit fut affermé avec les droits de contrôle, petit scel, etc., et les commis des fermes furent chargés de l'insinuation des actes translatifs de propriété.

Les règles auxquelles étaient assujetties la perception et la poursuite des droits de centième denier étaient les mêmes que pour la perception et la poursuite des droits de contrôle.

A côté des droits de contrôle et de centième denier, d'autres droits d'enregistrement d'une nature particulière étaient perçus à l'occasion de certains actes. J'en donne ici l'énumération :

1° Sous le nom de marc d'or, un droit était perçu à la muta-

------

(1) Arrêt de règlement 24 octobre 1724.
(2) Décisions 6 avril 1723 — 4 avril 1748.
(3) Décisions 27 novembre 1725 — 11 mai 1727.
(4) Décisions 29 novembre 1732 — 10 juin 1756.
(5) Edit de mars 1714.

tion des charges et offices et à l'occasion des concessions de brevets, de priviléges et autres actes de faveur qui devaient être revêtus du sceau de la chancellerie. Le produit de cet impôt s'éleva jusqu'à 1,700,000 livres.

2° Quiconque possédait un titre et des armoiries devait les faire vérifier et enregistrer par les officiers des maîtrises particulières. A l'occasion de cet enregistrement un droit était perçu suivant un tarif fixé par l'édit de novembre 1696. Pareillement un droit était perçu sur l'enregistrement des lettres de noblesse le tarif en fut fixé par déclaration du 12 mars 1697.

3° Les rois en recevant à leur avénement les hommages de leurs sujets, les confirmaient dans leurs priviléges, prérogatives, droits et franchises. Ces confirmations d'abord gratuites furent assujetties au paiement d'un droit à l'avénement de François Ier. Ce droit s'appelait droit de joyeux avénement. Il fut reglementé par une ordonnance de Charles IX du mois de décembre 1560. D'après cette ordonnance : « tous les officiers royaux de quelque état, qualité et condition qu'ils soient, sont tenus au nouvel avénement des rois, de prendre des lettres de confirmation tant de leurs états et offices que de leurs priviléges, droits et franchises, de même que les sujets privilégiés pour la confirmation de leurs priviléges, franchises, droits et libertés. » Les officiers de judicature furent seuls exemptés de cette obligation. Louis XV (1) soumit ces derniers ainsi que les communautés, villes, particuliers privilégiés, etc., dont les priviléges avaient été accordés depuis le commencement du règne de Louis XIV, à l'obligation de les faire confirmer moyennant finance. Les officiers des parlements, du grand Conseil, de la Chambre des comptes, de la Cour des aides en furent exempts. Le tarif fut fixé par une instruction du 1er juillet 1725. Quelques années plus tard un arrêt du Conseil (2) ordonnait que tous ceux qui jouissaient de la noblesse en conséquence de lettres obtenues depuis 1643

_______

(1) Ord. 27 septembre 1723.
(2) Arrêt du 2 mai 1730.

jusqu'au 1er septembre 1715 seraient tenus de payer dans les trois mois la somme de 2000 livres et les deux sous pour livre pour le droit de confirmation dû à Sa Majesté à cause de son avénement; faute de ce paiement, ils étaient déchus de la noblesse et des priviléges qui y étaient attachés et compris dans les rôles des impositions comme roturiers. Malgré ces édits, le droit de joyeux avénement ne fut jamais perçu légalement, car il ne fut jamais l'objet d'un enregistrement du parlement. Aussi la levée de cet impôt ne s'opérait-elle que lentement. Louis XVI renonça à ce droit.

4° Un droit de contrôle était perçu sur les bans de mariage. Le tarif en fut fixé par l'édit de septembre 1697 modifié par celui du mois de mars 1702.

Ces différents droits n'étaient pas affermés, à l'exception du droit de joyeux avénement, qui en 1723 fut mis en ferme moyennant la somme de 23 millions. Ils étaient perçus directement pour le compte du roi par les officiers chargés d'enregistrer les actes qui y donnaient lieu.

## SECTION II. — DROITS DE TIMBRE.

Le timbre était connu sous le nom de formule, nom générique qui désignait les papiers et parchemins timbrés. Ce fut en 1655 que Louis XIV donna pour la première fois un édit portant établissement d'une marque sur le papier et parchemin pour la validité des actes qui s'expédieraient dans le royaume. Mais cet édit n'eut pas d'exécution et il fallut qu'en 1673 une nouvelle déclaration rétablît le droit de timbre (1). Un recueil de formules des actes judiciaires et des actes notariés fut dressé, et sur ces formules on imprima des exemplaires de chaque nature d'actes; ces exemplaires, marqués d'une fleur de lis et timbrés de la qualité et substance des actes et du droit qui devait être perçu, étaient délivrés aux notaires et tabellions pour en faire usage à

_______________

(1) Décl. 19 mars 1673.

l'exclusion de tout autre papier. L'usage du papier et du parchemin timbrés fut définitivement fixé par un règlement général en 20 articles du 3 avril 1674. Le tarif était fixé relativement à la hauteur et à la largeur du papier ; ce tarif fut augmenté par déclaration du 17 avril 1690 modifiée elle-même par l'édit de février 1748. On peut dire qu'en général tous les actes publics et ceux qui devaient faire foi en justice royale ou seigneuriale, devaient être écrits sur du papier ou parchemin timbré ; les actes purement libres, comme ceux sous signature privée, pouvaient seuls être faits sur papier libre (1). Les registres des facultés, les registres de recette et de contrôle des fermes, les registres des marchands en gros et en détail, les bulletins, quittances, passeports, passavants délivrés par les fermiers devaient être faits sur papier timbré. Tous les actes qui, avant l'établissement du parchemin timbré, devaient être écrits en parchemin, durent l'être en parchemin timbré : c'étaient par exemple les lettres de chancellerie, les arrêts des cours, parlements, Chambres des comptes et des aides, les actes de foi et hommage, les déclarations, aveux et dénombrements pour les domaines du roi. En avril 1674 Colbert imagina d'imposer non-seulement le papier destiné aux actes, mais encore tout le papier sortant des fabriques. Des réclamations se firent entendre et il fut obligé de retirer son édit (2).

Le timbre d'une généralité ne pouvait servir ni être consommé dans une autre généralité. On avait fait du timbre une question de statut local, de telle sorte que tous les actes faits en un lieu où le timbre était en usage devaient être rédigés sur du papier marqué du timbre du même lieu. Bien plus, les papiers et parchemins marqués du timbre d'un fermier ne pouvaient servir dans le cours d'un autre bail afin de conserver à chaque fermier les droits qui lui appartenaient ; les timbres dont s'était servi le fermier du bail expirant devaient être supprimés (3).

---

(1) Pour les détails : voir ordonnance de juin 1680. — Décl. du 19 juin 1691.

(2) Corresp. administ. t. I, p. 303 — t. III, p. 17.

(3) Arrêt du 18 août 1674.

Les droits de timbre étaient compris dans la ferme des aides.
On aurait dû les comprendre dans la ferme des domaines, car il
n'y avait nul rapport de la régie des aides à celle de la formule.
Les employés du fermier des domaines auxquels appartenait le
contrôle des actes et exploits, sous les yeux de qui par conséquent
passaient tous les actes, exploits, procédures et expéditions,
étaient plus en état que les employés de la ferme des aides, de
connaître si les règlements de la formule étaient exactement
observés.

La connaissance des contestations et contraventions concernant
la formule appartenait aux officiers des élections en première
instance et aux cours des aides en appel. S'il n'y avait pas d'élection, compétence était attribuée aux juges ordinaires des bail-
liages, sénéchaussées, siéges présidiaux ; l'appel appartenait
encore aux cours des aides.

Certaines provinces étaient exemptes de l'impôt du timbre. Ces
provinces étaient la Flandre, l'Artois, l'Alsace, le Roussillon et
la Franche-Comté qui avaient été réunies à la France avec la
condition de garder leur priviléges.

Un droit analogue au droit de timbre était perçu sur les jeux
de carte et tarots. La taxe était de 18 deniers par jeu ; elle devait
être avancée par les maîtres et ouvriers cartiers. Le jeu était
cacheté et mis sous une enveloppe spéciale (1).

______________________

(1) Edit d'octobre 1701.

# CHAPITRE IV.

***

## IMPOTS SUR LES OBJETS DE CONSOMMATION.

Les impôts sur les objets de consommation sont ordinairement désignés par les auteurs modernes sous le nom d'aides. J'accepte cette dénomination consacrée par l'usage, mais je ne la crois exacte qu'à partir du seizième siècle. Pendant la période féodale, le mot aides désignait en effet les subsides extraordinaires, dûs par le vassal à son seigneur, quand ce dernier armait son fils chevalier, mariait sa fille ou qu'étant fait prisonnier, il avait promis une rançon. Au milieu du quatorzième siècle, il désignait une espèce d'impôt généra' assis sur le revenu. Peu à peu il changea de signification et s'app'iqua aux taxes indirectes. Enfin il finit par désigner uniquement l'impôt sur les boissons et autres objets de consommation.

La perception des aides se faisait sous deux formes différentes. Tantôt elle s'effectuait sur la vente des objets de consommation, tantôt elle avait lieu à l'entrée des villes.

Le premier mode de perception se rencontre déjà dans la période féodale. Il arrivait souvent que les seigneurs mettaient une taxe sur les objets de luxe et même sur le blé qui étaient vendus sur leur territoire; ils percevaient aussi un droit sur toutes les marchandises sans distinction d'espèce, qui étaient

vendues dans les marchés dont ils avaient la propriété et le
monopole. Toutes ces taxes étaient du reste arbitraires, et leur
quotité variait suivant les temps et les localités ; il arrivait même
que parmi les objets de même espèce les uns étaient taxés, les
autres ne l'étaient pas, et que ceux qui étaient imposés l'étaient
à des taux différents. Toutes les règles de l'incidence de l'impôt
étaient bouleversées, et la taxe au lieu d'être supportée par le
consommateur l'était par le producteur : le commerce pâtissait
de cette incertitude et de cette confusion.

Lorsque les rois eurent réuni au domaine de la couronne la
plupart des grandes seigneuries, ils essayèrent, comme souverains, d'étendre à tout le royaume le droit dont jusqu'alors ils
avaient joui en qualité de seigneurs. Mais comme le droit d'imposer les objets de consommation n'était pas un droit régalien,
ils durent, pour le faire accepter des peuples, obtenir l'assentiment des Etats du royaume. Ils n'obtinrent d'abord de ceux-ci
que des concessions partielles. La première eut lieu en 1343 :
les Etats de la langue d'oil votèrent à titre de subside une taxe
de quatre deniers par livre de marchandise vendue. En 1351 les
Etats de Vermandois accordèrent pour un an une imposition de
six deniers par livre des marchandises vendues. Différentes villes
imitèrent cet exemple, entr'autres Paris qui accorda divers
droits, les uns *ad valorem*, les autres spécifiques sur certaines
marchandises, telles que le vin de Bourgogne, le vin français, le
vin d'Espagne, le froment, etc. En 1355 fut ordonnée pour la
première fois une levée générale des aides dans tout le royaume.
Cette levée fut consentie par les Etats généraux assemblés à
Paris. La taxe était d'un sol par livre ou du vingtième du prix
des marchandises et denrées qui étaient vendues, à l'exception
toutefois du sel et du vin. Eu 1369 les Etats accordèrent à
Charles V, outre le sol pour livre sur toutes les marchandises
le treizième denier du vin vendu en gros et le quatrième de
celui vendu en détail ; dans le premier cas c'était l'acheteur,
dans le second cas c'était le vendeur qui était le redevable. En
1380 les aides furent abolies mais pour être rétablies en 1383. A
partir de ce moment, bien qu'en principe les concessions faites
par les Etats fussent accordées à titre de subside provisoire, les

aides se maintinrent d'une manière assez constante, sauf quelques suspensions passagères. Après une de ces suspensions l'ordonnance de 1436 les rétablit purement et simplement sans aucune réserve pour l'avenir. Quant à la quotité du droit, elle varia suivant les ordonnances : le taux moyen était du huitième ou deux sols six deniers pour livre sur la vente et l'achat des boissons, et de douze deniers sur la vente et l'achat des autres denrées et marchandises.

La taxe frappait tous les objets servant à la consommation et à l'industrie ; elle s'appliquait aussi bien à la campagne qu'à la ville : ce qui rendait la perception très-difficile. Louis XI fit sur ce point deux innovations importantes. Il restreignit pour Paris la taxe aux draps, au bois de chauffage, au bétail à pied fourchu, aux poissons de mer et aux vins vendus en gros; il réduisit de moitié la taxe du vin vendu au détail(1). Cette réduction s'étendit peu à peu par des concessions particulières à toutes les villes du royaume, excepté aux villes de la Normandie, qui, reprise en 1466, fut traitée plus durement que jamais. Ainsi réduite la taxe fut acceptée par des villes qui jusque là en avaient été affranchies et qui dès lors préférèrent se faire exempter de la taille. D'un autre côté, il abolit les aides dans les campagnes; en agissant ainsi, il était fidèle à son système financier qui consistait à supprimer les aides dans les campagnes et les tailles dans les villes, ce qui rejetait toute la charge des impôts directs sur les campagnes et celle de l'impôt indirect sur les villes. Cette idée, dit M. Dareste (2), était bonne au point de vue de la perception, car tandis que dans les campagnes la principale richesse se compose de biens fonds, faciles à estimer, elle se compose dans les villes de valeurs mobilières difficiles à saisir; de plus dans les campagnes le commerce est rare tandis que dans les villes les objets sur lesquels frappe la taxe sont accumulés dans un espace restreint.

Certaines personnes étaient au début exemptées par privilége spécial de payer les aides. C'étaient : 1° les membres de l'uni-

_________

(1) Ord. 8 août 1465.
(2) Histoire de l'administration en France.

versité de Paris pour les denrées de leur crû ou à leur usage
personnel (1); 2° le connétable, le chancelier et les généraux sur
le fait des aides (2); 3° les gens d'église, sauf les abbés ou prieurs
conventuels; 4° les clercs pour les denrées qui servaient à leur
consommation personnelle (3); 5° les nobles (4) pour les fruits
de leur terre vendus en gros; ils payaient le quart des droits
pour ceux qu'ils faisaient vendre en détail; ils ne payaient
aucun droit pour les vins vendus même au détail en vertu du
banvin. S'ils étaient exempts des aides pour les objets vendus,
les seigneurs ne l'étaient pas pour les objets achetés Cette
dernière exemption n'appartenait qu'au roi, à la reine, aux
princes et princesses du sang (5). Ces différents priviléges disparurent successivement.

D'un autre côté, un certain nombre de provinces, par suite de
situations particulières résultant le plus souvent du refus de faire
voter par leurs Etats les subsides extraordinaires réclamés par
le roi, s'était soustrait au paiement des aides. Ces provinces
étaient les provinces de Montauban, Dauphiné, Guienne, Limoges,
Riom, Bourgogne, Languedoc, Provence, Navarre et Béarn,
Bretagne, Alsace, Metz, Toul et Verdun, Franche-Comté, Roussillon, Artois et Flandre; elles comprenaient, on le voit, une
grande partie de la France. Par compensation ces provinces
furent à certains points de vue traitées comme étrangères, et en
cette qualité on les soumit, comme nous le verrons dans un
chapitre subséquent, à l'imposition foraine.

_______

(1) Lettres de janvier 1383.

(2) Ord. de mars 1389. — Art 13.

(3) Ord. 28 février 1436. — Art. 33-35.

(4) Instruction du 4 janvier 1393.

(5) Même instruction, art. 7. — Voici le texte de cet article : « Le roi
veut et ordonne que les bouchers et poulaillers qui lui livrent la chair et
la poulaille pour la dépense de son hôtel et aussi pour la dépense des
hôtels de la reine, de nos seigneurs de Berri, de Bourgogne, d'Orléans, et de
Bourbonnais, et de nos dames leurs femmes, de Mme la reine Blanche, et
de Mme la duchesse d'Orléans ne paient aucune imposition desdites chairs
et poulailles, de ce qui sera certifié par les maîtres d'hôtel desdits seigneurs en être baillé et livré pour ladite dépense. »

Le mode de perception des aides subit des modifications successives. Au début la perception appartenait à des agents spéciaux appelés élus ou députés particuliers sur le fait des aides. Ces derniers se trouvaient sous la surveillance d'une commission qui siégeait à Paris et dont les membres prirent le nom de généraux des aides, de surintendants ou conseillers généraux sur le fait des aides. Les élus étaient d'abord nommés directement par les F.... plus tard ils le furent par les généraux des aides, enfin leur nomination fut réservée au roi. Les généraux étaient nommés par les États et leur nombre varia suivant les époques. Le produit de la recette perçue par les élus était versé dans le trésor royal par l'intermédiaire des receveurs généraux. Les élus et les généraux avaient chacun leur juridiction : les premiers jugeaient en première instance les contestations qui s'élevaient sur les aides ; les seconds les jugeaient en appel.

En 1383 on permit aux généraux des aides d'affermer les aides : c'était une faculté dont ils pouvaient du reste user ou ne pas user (1). Que les aides fussent ou non affermées, la perception continuait de se faire par le soin des élus qui conservaient aussi leur pouvoir contentieux (2). S'il y avait un fermier, la recette lui était attribuée ; s'il n'y en avait pas, elle était versée dans le trésor royal. Mais il arriva bientôt qu'au lieu d'affermer simplement le produit des aides, on mit à ferme les charges mêmes des élus, et de cette façon les fermiers obtinrent à la fois le soin de la perception et le droit de décider les contestations.

Afin de faciliter la perception, tous les marchands en gros étaient tenus de montrer une fois par mois leurs denrées aux fermiers, afin que ceux-ci pussent en faire inventaire et connaître leur droit. Ils étaient contraints à cette visite sous peine de confiscation et d'une amende arbitraire fixée par les élus (3). C'était, dit M. Clamageran, l'exercice étendu à toute sorte de négoce et imposé sous peine d'une ruine complète et irréparable (4).

---

(1) Lettres du 26 janvier 1383.
(2) Instruction 12 février 1384 — art. 18.
(3) Ord. 6 juillet 1368.
(4) Hist. de l'impôt en France, t. I, p. 427.

Ces règles subsistèrent sans modification importante jusqu'au règne de Henri IV. Ce prince réglementa à nouveau la taxe sur les marchandises et denrées, sous le nom de pancarte ou sou pour livre (1). Ce droit devait être perçu : « 1° à l'entrée de toutes les villes, faubourgs, gros bourgs et bourgades où il y avait foire ou marché ordinaire et sur lesquels la solde de 50,000 hommes ou la subvention équipollente se levait habituellement; 2° en toutes foires et marchés qui se tenaient en pleine campagne ou en autres bourgs et villages. » Le paiement du droit était à la charge du vendeur. Les ventes en gros étaient seules atteintes, les ventes au détail faites dans les boutiques étaient exemptes; il en était de même des ventes par autorité de justice. Les droits en général étaient spécifiques; deux ou trois fois seulement (à propos des pelleteries et des draps) ils étaient *ad valorem* et alors on les fixait à un sou pour livre en prenant pour base d'appréciation les évaluations faites pour la traite foraine. Cette taxe fut appelée pancarte à cause du tarif qui fut publié dans tout le royaume. Elle fut supprimée par édit du 10 novembre 1602; son produit n'a guère dépassé 800,000 livres.

La pancarte supprimée, on revint à l'ancien système. La nature et le nombre des marchandises soumises à la taxe continuèrent à varier suivant les localités; il en fut de même de la quotité du droit perçu. En certains endroits on payait le huitième, dans d'autres le quatrième et dans quelques-uns le huitième et le quatrième. En 1641 on rétablit sous le nom de subvention du vingtième l'ancien sol pour livre de toutes les marchandises vendues dans le royaume. Cette nouvelle taxe fut restreinte au bout de deux ans (2) aux boissons qui supportèrent dès lors un double droit de vingtième.

Comme la perception se faisait sur la vente des marchandises, il fallait nécessairement, pour empêcher les fraudes, recourir à l'exercice. Cet exercice donna lui-même naissance à une foule de droits supplémentaires qui pesaient tantôt sur le vendeur, tantôt

(1) Édit 10 mars 1597.
(2) Décl. 25 février 1643.

sur l'acheteur. Tels étaient les droits de jeaugeage et de courtage, la taxe qu'il fallait payer aux inspecteurs de boissons et des boucheries, aux contrôleurs, essayeurs, visiteurs de la bière, etc.

Les aides continuèrent à être affermées. Les fermiers étaient chargés de la perception, mais ils n'avaient aucun pouvoir contentieux; ce pouvoir appartenait en première instance à l'élection, juridiction royale subalterne pour les questions administratives; à la cour des aides en appel. Le produit de la ferme des aides devint peu à peu considérable. De 500,000 livres qu'il était sous Henri IV, le bail de la ferme monta sous Louis XIII à 2,700,000 livres et vers 1715 à 20,000,000 livres. La dernière ferme qui eut lieu fut celle de 1780.

La seconde forme sous laquelle se présentaient les aides n'était usitée que dans certaines villes. La perception de la taxe au lieu de se faire sur les marchandises vendues dans les foires, marchés et boutiques s'effectuait à l'entrée de la ville. Ce système était surtout adopté pour les vins et les boissons, et le tarif au lieu d'être fixé *ad valorem* était le plus souvent un tarif spécifique : par exemple chaque muid de vin payait 5 sols en 1561, 15 livres 2 sols 2 deniers en 1658, etc. Le tarif variait suivant les époques et suivant les localités. Quant aux autres règles de perception elles étaient les mêmes que celles que nous avons vues pour les taxes de consommation de la première catégorie.

A côté des aides, il y avait dans un certain nombre de villes de véritables octrois. L'origine de ces octrois était très-ancienne ; il est même probable qu'elle remontait aux Romains, car nous les trouvons en usage sous les rois de la première et de la deuxième race. Pendant l'époque féodale on rencontre des octrois dans la plupart des villes communales qui avaient surtout hérité des traditions romaines : les droits d'octroi constituaient même la partie la plus importante de leurs revenus, dont elles avaient du reste la libre disposition en vertu de leurs chartes. Dans la plupart des villes féodales, non affranchies, un droit était aussi perçu au profit du seigneur sur les marchandises qui y entraient; mais romme ce droit frappait indistinctement toute sorte d'objets, il se confondait avec les péages dont nous parlerons plus tard. Après la disparition du système féodal, les villes communales continuèrent à jouir de leurs droits d'octroi; de nouvelles concessions furent aussi faites aux autres villes par les rois qui, en pareil cas, se réservaient une part dans la recette. Inutile de dire que ces droits d'octroi ne faisaient pas partie de la ferme des aides, puisqu'ils étaient perçus pour le compte des cités par des agents spéciaux qu'elles nommaient elles-mêmes. Les tarifs variaient avec chaque ville.

# CHAPITRE V.

### LES GABELLES.

La gabelle était l'impôt qui pesait sur le sel. A l'origine on appelait du nom de gabelle la taxe mise sur les marchandises et denrées; peu à peu on restreignit ce nom à l'impôt du sel. La taxe du sel fit d'abord partie des aides : elle était alors soumise aux mêmes règles que les autres taxes sur les denrées et marchandises. Philippe-le-Bel en 1286, d'après certains auteurs, Philippe-le-Long en 1318 d'après d'autres, Philippe-de-Valois en 1343 d'après d'autres encore, organisa d'une façon spéciale l'impôt sur le sel. Ce dernier prince ordonna que la vente du sel, libre jusque-là, fût faite exclusivement par ses officiers; dans ce but il fit établir des greniers où le sel était amoncelé et débité aux particuliers; peu à peu toute une armée d'employés fut organisée pour la mise en exercice de ce nouveau droit régalien. Cette réforme attira à Philippe-de-Valois de la part du roi d'Angleterre l'épithète de roi salique. Le service des greniers à sel et la juridiction spéciale qui y fut attachée s'organisèrent peu à peu de 1360 à 1400. Les généraux des aides nommaient les employés du grenier : les grénetiers et les contrôleurs du sel. Ces employés avaient le monopole de la vente du sel : les pré-

miers veillaient à la réception du sel dans les greniers et à son
débit aux particuliers; les seconds surveillaient et empêchaient
les fraudes. Les greniers étaient approvisionnés de sel par les
particuliers, qui étaient tenus de l'y faire conduire. L'impôt était
prélevé sur le montant de la vente, et le restant du prix était
payé aux marchands. Le taux de l'impôt avait d'abord été fixé
au cinquième du prix du sel; par exemple : si une mesure de sel
valait 20 sols, le prix auquel on la vendait au public était de 25
sols ; mais dans certaines provinces des *crues* avaient été ordon-
nées, dans d'autres au contraire des modérations plus ou moins
considérables, voire même des exemptions complètes avaient
été accordées.

Certains marchands avaient un privilège particulier : le sel
qu'ils apportaient était vendu avant celui des autres. Il en résultait de nombreux abus. L'ordonnance de novembre 1490 révoqua
ces concessions et décida qu'à l'avenir le sel serait vendu à tour
de rôle d'après la date de réception. D'un autre côté certaines
personnes avaient le privilège d'avoir du sel non gabellé, c'est-
à-dire exempt d'impôt : c'étaient le prévôt des marchands, les
échevins de Paris et les membres du Parlement (1).

En 1540, François Ier se saisit de toutes les salines du Languedoc, de la Guienne, du Poitou et de la Bretagne, sous prétexte
d'empêcher le faux saunage. La possession de ces salines permit
d'alimenter les greniers à sel sans avoir besoin de recourir aux
propriétaires des salines privées. On déchargea donc ces derniers
de l'obligation de porter leur sel dans les greniers du roi; on
leur concéda même la faculté de le vendre aux particuliers, mais
un droit fut perçu lors de l'enlèvement du sel des marais-
salants (2).

Quelques années plus tard on revint au système antérieur.
Ceux qui vendaient, achetaient ou consommaient du sel qui
n'avait pas été pris au grenier du roi furent passibles d'une
amende. Les grènetiers pouvaient les arrêter et les traduire
devant les généraux sur le fait des aides. Le premier venu

_______________

(1) Ord. de 1541.
(2) Ord. juill. et déc. 1544.

pouvait sans aucune commission saisir le sel de contrebande et l'amener au grènetier. Les fraudes du reste devaient être nombreuses, à en juger par le nombre de gardiens ou douaniers qui furent institués et par le nombre des ordonnances qui furent faites.

Un pouvoir de juridiction fut attribué aux greniers à sel. Les greniers constituaient une juridiction royale subalterne qui connaissait exclusivement des contestations relatives aux gabelles. Elle était composée d'un président et de plusieurs assesseurs, par exemple du grènetier et du contrôleur, et d'un ministère public. Elle jugeait en dernier ressort les affaires de peu d'importance, les affaires plus graves étaient susceptibles d'appel devant la cour des aides.

Jusqu'en 1547, le produit des gabelles était compris dans la ferme des aides. En janvier 1548, les greniers à sel furent pour la première fois affermés séparément. Jusque-là les rois avaient perçu la taxe du sel à titre de subside provisoire ; en la réunissant à leur domaine, ils en faisaient un droit domanial et perpétuel. Les habitants furent déçus dans leurs espérances et des révoltes éclatèrent successivement dans le Poitou, la Saintonge, la Guyenne et dans beaucoup d'autres localités. Ces révoltes multiples occasionnèrent pour chaque province une législation différente pour la perception de la gabelle ; à cet effet, il parut à partir de 1541, toute une série d'ordonnances, dont la dernière en date de 1680 résume toutes les autres. Cette importante ordonnance sur les gabelles resta en vigueur jusqu'en 1789.

D'après cette ordonnance on distinguait cinq sortes de provinces : 1° les provinces de grandes gabelles ; 2° les provinces de petites gabelles ; 3° les provinces de salines ; 4° les provinces rédimées ; 5° les provinces franches ; 6° le pays de quart bouillon.

1° PAYS DE GRANDES GABELLES. Ils comprenaient l'Ile-de-France, l'Orléanais, le Maine, l'Anjou, la Touraine, le Berry, le Bourbonnais, la Bourgogne, la Picardie, la Champagne, le Perche et la plus grande partie de la Normandie. On distinguait dans ces pays les greniers de vente volontaire et les greniers de sel d'impôt. Les greniers de vente volontaire étaient ceux où les habitants des paroisses qui en dépendaient prenaient du sel pour leur argent, sans y être forcés, en acquittant une simple taxe. Ils étaient cependant tenus d'en faire une consommation *minima* annuelle, pour pot et salière, de 7 livres par individu âgé de plus de sept ans; c'était ce qu'on appelait le devoir de gabelle. Les greniers de sel d'impôt étaient ceux où les habitants des paroisses qui en dépendaient, de quelque qualité ou condition qu'ils fussent, ecclésiastiques, nobles ou roturiers, étaient obligés d'acheter tous les ans une certaine quantité de sel. La répartition moyenne du sel fut fixée à environ 9 livres 1/6 pesant par tête d'habitant de tout âge; le prix moyen fut fixé à 62 livres le quintal. La taxe sur le sel figure dès ce moment plutôt comme impôt direct dont elle prend tous les caractères que comme impôt indirect.

Il y avait dans le pays de grandes gabelles 174 greniers de vente volontaire, et 63 de sel d'impôt.

2° **Pays de petites gabelles.** — Les pays de petites gabelles se composaient du Mâconnais, du Lyonnais, du Forez et Beaujolais, du Bugey, de la Bresse; du Dauphiné, du Languedoc et de la Provence, du Roussillon, du Rouergue, du Gévaudan et d'une partie de l'Auvergne. La consommation du sel n'était pas forcée, mais il était interdit de faire usage d'autre sel que celui qui était vendu par les greniers du roi.

3° **Les provinces de salines.** — Les provinces de salines étaient celles dans lesquelles ou à côté desquelles les salines royales étaient situées : telles étaient la Franche-Comté, les trois Evêchés; la Lorraine et le duché de Bar, l'Alsace et Clermont. La consommation était arbitrée à environ 14 livres par tête; le prix moyen était de 21 livres 10 sous par quintal.

4° **Les provinces rédimées** étaient celles qui, pour une somme une fois payée, s'étaient libérées des gabelles. Ce rachat eut lieu sous Henri II moyennant 'a somme de 1,750,000 livres environ. Ces provinces étaient cependant restées soumises à un droit modique perçu sous le nom e con o de Charente au moment où le sel destiné à l'approvisionnement de ces pays était extrait des marais salants. Le pays réclamé se composait du Poitou, de l'Aunis, de la Saintonge, de l'Angoumois, du Limousin et de la plus grande partie de l'Auvergne, du Périgord, du Quercy, de la Gayenne, du pays de Foix, du Bigorre et du Comminges. Le prix du sel variait de 6 à 12 livres le quintal.

5° LES PROVINCES FRANCHES OU EXEMPTES étaient celles qui ne furent jamais assujetties à l'impôt des gabelles. C'étaient la plupart des pays conquis, notamment la Bretagne, l'Artois, le Cambrésis, le Hainaut, la Flandre, le Béarn, la basse Navarre, une partie de l'Aunis, de la Saintonge et du Poitou et quelques villes et districts isolés. Dans ces provinces le commerce du sel était libre, et le prix variait depuis 40 sous jusqu'à 8 et 9 livres le quintal.

6° LE PAYS DE QUART BOUILLON désignait une partie considérable de la basse Normandie, qui était approvisionnée par des sauneries particulières dans lesquelles on faisait bouillir du sable salant pour en extraire le sel. On avait réglé la quantité de sel que chaque établissement pouvait fabriquer, et comme ces sauneries étaient autrefois obligées de remettre gratuitement dans les greniers du roi le quart de leur fabrication, cet usage avait fait donner le nom de quart bouillon à la partie du pays assujettie à ce régime. Ce bénéfice réservé au roi fut converti en un droit équivalent: néanmoins l'ancienne dénomination subsista.

Dans ces différentes provinces certaines classes d'employés de l'Etat jouissaient d'un privilége particulier. Des distributions de sel leur étaient faites sous le nom de Francs salés, gratuitement ou à des prix inférieurs au prix ordinaire. Ces distributions composaient une partie de leur traitement; elles montèrent quelquefois jusqu'à 15,000 quintaux.

A partir de 1578 on avait cessé d'affermer séparément chaque grenier, et on avait créé la ferme générale des droits pour les gabelles de France. Le fermier des gabelles s'approvisionnait de sel dans les salines royales, et le faisait transporter dans les greniers où se faisait la vente en détail par l'intermédiaire d'agents subalternes, placés sous la surveillance d'officiers royaux, grènetiers ou contrôleurs. Une juridiction particulière continua d'être attachée à chaque grenier; elle jugeait en première instance toutes les contestations qui s'élevaient sur la perception de l'impôt; l'appel était porté devant la Cour des aides. Il y avait en France 240 juridictions de cette nature.

Le système des gabelles inauguré en 1548 et définitivement consacré par l'ordonnance de 1680 avait de nombreux inconvénients. Non-seulement il nécessitait la mise en campagne d'une quantité innombrable de douaniers pour empêcher une contrebande incessante mais il était très vexatoire pour les particuliers. M. Mallet, premier commis des finances sous M. Desmarets, contrôleur général des finances de 1708 à 1715 nous fait connaître (1) quelles désagréables conséquences entraînait pour les particuliers l'obligation d'acheter dans les greniers du roi une quantité fixe de sel par année, et jusqu'où allaient les vexations mesquines du fisc : Une famille pauvre, dit-il, acquiert un cochon, mais n'ayant pas le moyen de le saler, elle se détermine à faire des économies de sel sur sa nourriture journalière afin de pouvoir saler le cochon. Mais le commis leur dresse procès-verbal sous prétexte que le sel levé au grenier n'est que pour pot et salière et ne doit par conséquent servir aux salaisons. Autre exemple cité par lui : Un particulier n'a pas eu le temps de consommer sa provision de sel. Le temps de la première consommation est expiré et une nouvelle ouverture de grenier pour livraison a lieu; nouveau procès-verbal sous prétexte que le sel restant est de contrebande, et le particulier est condamné comme fraudeur.

---

(1) Comptes-rendus de l'administration des finances sous Henri IV, Louis XIII et Louis XIV.

# CHAPITRE VI.

## DES PÉAGES ET TRAITES FORAINES.

### Section I. — Des péages.

On appelait du nom de péages les droits qui étaient acquittés au passage des ponts, à la traversée des fleuves, à l'entrée des villes, des ports et des foires. Le nombre de ces péages était considérable : les uns existaient au profit des seigneurs, d'autres au profit des villes ou de simples particuliers, d'autres au profit du roi. Le tarif et le mode de perception des péages appartenant aux seigneurs et aux villes, variaient suivant les localités; ils différaient pourtant peu des règles usitées pour les péages royaux.

Dès les premiers rois Mérovingiens on trouve des péages (telonea). Ces péages s'appelaient *rotaticum*, *portaticum*, *pontaticum*, *vultaticum*, *barganaticum*, *navaticum*, etc. Chacune de ces dénominations correspondait à un péage différent; il y avait les droits de roue, de roulage, de pont, de porte, de marché, etc. Que ces taxes aient été uniformes ou variées, générales ou locales, il est impossible de le dire faute de documents. Il est certain toutefois que certaines règles étaient communes à tous les péages royaux. Ces règles étaient les suivantes : En principe toute

marchandise, de quelque nature qu'elle fût, était assujettie aux
droits de péage; par exception certains objets étaient exempts;
tels étaient les objets de consommation personnelle, les bêtes de
somme non chargées de marchandises (1), les approvisionne-
ments envoyés à l'armée; Dagobert Ier avait également exempté
de tous droits les navires et marchandises qui arrivaient par Fos,
Valence, Lyon ou de tout autre point à destination de Saint-
Denys. En certains endroits les péages étaient perçus non-seulement sur les marchandises mais encore sur les personnes qui
passaient. Il n'y avait d'exception que pour les pèlerins qui se
rendaient à Rome ou dans quelqu'autre lieu pour cause de religion.

De nombreuses immunités furent accordées à certaines personnes et en particulier aux abbayes, aux églises et aux cloîtres.
Par exemple ceux qui habitaient le palais du roi pouvaient transporter ou faire transporter en toute franchise les objets qui leur
étaient destinés; ceux qui avaient construit ou réparé un pont
sur lequel le péage était exigé jouissaient de la même faveur. Il
arrivait même souvent qu'en pareil cas celui qui avait construit
ou réparé le pont à ses frais recevait le droit d'exiger lui-même
un péage : première source des péages particuliers (2).

Quand un acte d'immunité était accordé à une abbaye, tantôt
il portait simplement exemption de taxes : tel était l'acte d'immunité daté de 800 qui accordait au monastère de Cormaric le
droit de naviguer sur la Loire, la Sarthe et la Vienne avec deux
navires sans payer aucun droit de rivage, de salut ou d'entrée (3).
Tantôt l'acte d'immunité accordait, outre l'exemption délégation
de la taxe au profit de l'exempt : telle était la concession qui fut
faite en 674 à l'église de Bourges par Clodomir, fils de Clotaire III
dans les termes suivants : « Nous donnons à l'abbaye toutes les
coutumes de la ville de Bourges : le droit d'entrée sur le blé et
le vin, le marché hebdomadaire, les foires annuelles et toute
coutume imposée soit à ceux qui entrent soit à ceux qui sortent,

_______________

(1) Art. 26 capitulaire de 755.
(2) Art. 2 capitulaire de 820
(3) Baluze II, p 1401.

habitants de la ville ou étrangers; tout le cens levé sur toutes les places comprises depuis la porte de Gordon jusqu'à la porte d'Utrion, entre la rivière et le mur; aussi les droits sur la rivière et sur les moulins et sur toutes les places dans l'intérieur de la ville, en deçà des barrières et sur tout le bourg à l'entour; le droit de l'entrée de l'église et du bourg, y compris le droit sur les voitures et sur les vins, comme le droit levé aux portes de la ville. » Ces immunités, souvent répétées, engendrèrent une foule de péages particuliers.

La perception des péages royaux pendant les deux premières périodes appartenait aux comtes. Le produit n'était pas affermé, il était versé directement dans le trésor royal. Les missi dominici avaient pour mission de détruire les péages illicites, et ceux-ci devaient être nombreux si on considère le nombre des capitulaires qui interviennent à différentes reprises pour sanctionner leur abolition (1). On considérait généralement comme illicites les péages nouveaux qui n'était pas légitimés par un usage ancien et ceux qui étaient extorqués au moyen de cordes tendues en travers des routes; c'était encore exiger un péage illicite que de forcer les marchands à passer sur un pont sujet à péage, lorsqu'ils pouvaient passer le fleuve à un autre endroit (2).

Sous les derniers rois de la deuxième race, lorsque les comtes commencèrent à s'ériger en seigneurs de fiefs indépendants, les dispositions protectrices des capitulaires disparurent, et les péages se multiplièrent de toutes parts non plus au profit du roi, mais au profit des seigneurs. Ces péages nouveaux furent le plus souvent l'œuvre de la ruse et de la violence; quelquefois ils étaient le résultat de conventions passées entre les seigneurs et les marchands qui y gagnaient, dit M. Dareste (3), les premiers l'avantage de percevoir un revenu régulier, les seconds celui d'être garantis contre les vols et pillages. Le tarif des droits de péage était organisé d'une façon différente dans chaque seigneu-

---

(1) Edictum Clotarii II de 615, art. 9. — Baluze I p. 22. - Capitulaire de 779. — 3ᵉ capitulaire de l'an 805. — 5ᵉ capit. de l'an 806. — 1ᵉʳ et 2ᵉ capitulaires de 809. — Capit. de 820. — Baluze, t. I, p. 196 et 621.

(2) 1ᵉʳ et 2ᵉ capitulaires de 809. — Baluze t. 1 p. 466 et 470.

(3) Histoire de l'administration monarchique en France.

rie; en général on percevait tant de deniers par ballot de marchandise, tant par charrette, par charge de cheval, de mulet, d'âne ou de colporteur. Ce tarif grossier faisait que les marchandises médiocres payaient autant que les marchandises de qualité supérieure. Quelquefois le péage se percevait en nature; on prenait alors une certaine quote part de la marchandise. Ce système primitif resta en vigueur pendant toute l'époque féodale; il fut en usage même dans le domaine royal où le recouvrement des droits de péage appartenait aux baillis auxquels ils étaient affermés.

Lorsque l'extension du domaine royal eût amené la disparition du régime féodal, les péages furent soumis à une réglementation générale. On supprima un certain nombre de ceux qui appartenaient aux villes et aux particuliers; on confirma les autres et pour empêcher à l'avenir la perception de tout péage illicite, on obligea : « tous prétendants aux droits de péage à « mettre aux lieux où ils levaient lesdits droits un tableau ou « pancarte en lieu éminent, public, accessible, auxquels les « droits seront entièrement écrits, signés d'un notaire ou autre « personne publique; défense était faite aux péagers et fermiers « d'exiger aucune autre chose outre ce qui était contenu audit « tableau sous peine de punition corporelle et privation du droit « de péage. » (1)

Les péages royaux étaient affermés : les uns étaient l'objet d'une ferme séparée, les autres étaient compris dans la ferme des traites foraines. Dans tous les cas le soin de la perception était laissé au fermier. Plusieurs de ces péages avaient une importance considérable, tels étaient la coutume de Bayonne, le convoi de Bordeaux, la traite d'Arzac, la traite de Charente, la patente du Languedoc, la foraine du Roussillon, la prévôté de Nantes, la romaine de Rouen, le trépas de Loire, l'entrée de Calais, le péage de Péronne, les droits de fret, les droits de sortie sur les vins par les provinces de Champagne et de Picardie. L'ancien mode de perception fut modifié et les tarifs établirent en général des droits *ad valorem* à percevoir sur le transit des marchandises.

_________________

(1) Ord. du 31 janv. 1561. — Isambert XIV, p. 63.

Certains péages avaient le caractère de véritables douanes intérieures, en ce sens qu'ils avaient surtout pour but de mettre des entraves à l'importation des marchandises venant de l'étranger ou des provinces voisines. Déjà sous Saint-Louis, les baillis auxquels les péages étaient affermés avaient trouvé le moyen, en élevant les tarifs de permettre dans leur ressort l'importation ou d'empêcher la sortie des grains, vivres et autres comestibles; le plus souvent ils n'accordaient les permissions d'importer ou d'exporter qu'au plus offrant. Saint-Louis avait dû mettre fin à ces abus en ordonnant que le transport des grains d'une province à une autre ne pourrait être défendu que dans le cas d'une absolue nécessité. De même, au seizième siècle et au commencement du dix-septième, la douane de Lyon et celles de Vienne et de Ste.-Colombe dans la vallée du Rhin, en établissant des droits d'importation et de transit très-élevés, interceptèrent la route commerciale du nord et du midi aux marchandises du Levant, d'Espagne, de Provence et du Languedoc.

Colbert chercha à diminuer le nombre des péages; il réussit à faire disparaître dans l'enceinte des provinces des cinq grosses fermes tous les péages seigneuriaux et la plupart des péages provinciaux. Les provinces réputées étrangères n'eurent pas le même avantage; elles conservèrent la plupart de leurs péages particuliers; même la douane de Lyon et celle de Valence furent maintenues; seulement le conseil du roi se réserva le droit d'accorder les franchises qu'il jugeait nécessaires, et on établit un bureau, composé de conseillers d'État et de maîtres des requêtes, pour examiner les titres de ceux qui se prétendaient propriétaires d'un droit de péage (1).

---

(1) Arrêt du 29 août 1724.

## Section II. — Des douanes ou traites foraines.

### § 1. — DOUANES EXTÉRIEURES.

A l'exemple des douanes romaines, les douanes dans l'ancien droit ont été conçues plutôt dans un but fiscal et politique que dans un but de protection pour l'industrie nationale. Sous les deux premières races et pendant la période féodale, les douanes ne sont guère que des péages, perçus sur les marchandises à l'entrée et à la sortie des ports. On ne songeait pas à cette époque à protéger l'industrie nationale en mettant des entraves à l'importation des produits étrangers, par cette raison que dans la France de ce temps comme à Rome l'industrie nationale ne pouvait satisfaire tous les besoins du pays. Voilà pourquoi les taxes sur l'importation, si nombreuses aujourd'hui ont été si longtemps à s'établir dans l'ancienne France, tandis que les taxes sur l'exportation, aujourd'hui si rares, étaient si nombreuses alors. S'il est vrai cependant qu'on ne cherchait pas à cette époque à faire fleurir par des tarifs de douane le commerce intérieur, on ne voulait pas non plus que les nations étrangères s'enrichissent aux dépens de la France : de là ces taxes prohibitives ayant pour but d'empêcher l'exportation de l'or et de l'argent, et de certaines denrées telles que le blé et le vin. Le commerce extérieur, disait Jean Bodin, publiciste du seizième siècle, devrait être monopolisé par l'Etat : « car plus grande sera l'imposition foraine, plus il y aura de profit pour les finances et si l'étranger craignant l'impôt prend moins de marchandises, le sujet en aura meilleur compte. » Cette phrase de Jean Bodin donne aux douanes les deux caractères que nous leur avons reconnus tout-à-l'heure : un caractère fiscal, parce qu'elles sont une cause de revenus ; un caractère politique parce qu'elles permettent à une nation de garder pour elle ce qui, dans les idées du temps, constituait sa richesse. Ce dernier caractère différencie les douanes des péages qui n'étaient établis que dans un intérêt fiscal ; il eut même pour conséquence d'établir entre les douanes et les péages une nouvelle différence : tandis que le droit d'établir des péages était considéré comme un droit seigneurial, le droit d'établir des douanes fut considéré comme un droit régalien ; à ce titre il appartint exclusivement au roi, seul chargé de la défense des intérêts communs du royaume.

Dans le courant du seizième siècle un revirement complet se fit dans les idées. Au lieu de continuer à mettre des taxes à l'exportation, on chercha à en diminuer le nombre tandis qu'en même temps on imposait l'importation. Les publicistes du seizième siècle partaient de cette idée que dans l'intérêt de la prospérité d'une nation ses exportations doivent excéder ses importations : car, disaient-ils, si les importations dépassent les exportations, l'excédant est soldé en espèces par la nation en pure perte pour elle et en guise de tribut à l'étranger ; si au contraire les exportations dépassent les importations, la différence est soldée en espèces aux dépens de l'étranger.

Du système mercantile on passa vite au système protecteur et cette transition était d'autant plus facile qu'à l'exemple du premier le système protecteur consistait à mettre des entraves plus ou moins grandes à l'importation des produits étrangers. Le nouveau système ne tarda pas à prendre possession de l'esprit des gouvernements et des peuples dont il flattait l'égoïsme, et ce fut sous son influence que furent faits tous les tarifs de douanes à partir du jour où Sully établit l'usage de soumettre ces tarifs à la Chambre de commerce instituée à Paris à cet effet vers 1600. Déjà Henri IV avait agi dans un esprit protectioniste quand en janvier 1599, cédant aux requêtes des fabricants de Tours, il prohiba l'entrée en France des draps d'or, d'argent et de soie.

On sait que le système protecteur dont Sully et Henri IV avaient jeté les bases fut définitivement consolidé par Colbert (édit de 1664) qui fit de ce système le principe de sa législation douanière. Je n'entreprendrai pas la discussion du système protecteur au point de vue économique ; la réfutation de ce système a été faite mille fois. Je dirai seulement quelle fut l'influence de la substitution de ce système au système réglementaire et au système mercantile qui l'avaient précédé au point de vue de l'établissement des taxes d'exportation et des taxes d'importation.

**Taxes d'exportation.** — La première taxe d'exportation date de Saint Louis; mais elle ne s'appliquait qu'à des objets limités (1). Philippe-le-Bel l'étendit et s'en fit une source de revenus. C'était en 1304. Les ouvriers en laine, désireux d'avoir la matière première à meilleur compte, avaient demandé au roi d'interdire l'exportation des laines; ils promettaient en échange de lui payer un droit fixe sur chaque pièce de drap qu'ils fabriqueraient. Le roi consentit à cet arrangement, et peu à peu l'idée lui vint d'étendre la même prohibition sous une clause analogue, aux chevaux, bestiaux, grains, vins, toiles, enfin à tous les produits agricoles et manufacturés de France (2). Toutefois, Philippe-le-Bel se réservait le droit de vendre des permis d'exportation, nouvelle source de revenus. Ces permis étaient délivrés par une commission spéciale instituée à cet effet. Pour empêcher les contraventions et les exportations, des gardes furent établis sur les frontières, sous la direction et surveillance d'un nouvel officier, appelé grand maître des ports et passages. Louis-le-Hutin rétablit la liberté d'exportation pour un grand nombre d'objets; mais Philippe-le-Long en 1320 revint au système de prohibition générale; il confia seulement la délivrance des permis à trois commissaires nommés par la Chambre des comptes et il fit régler par cette Chambre le prix des autorisations. Ce prix fut fixé d'après un tarif, sous le nom de droit de haut passage : en général c'était un droit *ad valorem* fixé à 7 deniers pour livre de la valeur des marchandises dont on permettait l'exportation; il y avait aussi quelques droits spécifiques; ainsi on payait 12 deniers par setier de froment, de pois ou de fèves; 6 deniers par setier d'avoine ou autres grains; 8 deniers par millier de harengs; 12 deniers par tête de bœuf, 8 par tête de vache, 4 par tête de porc, 2 par

____

(1) Ord. de 1254.
(2) Ord. du 1ᵉʳ février 1305.

tête de mouton; 8 sols par tonneau de vin (1). Le permis d'exportation devait être présenté aux maîtres du port, et le paiement de la taxe se faisait entre les mains de ces derniers.

Les ordonnances prohibitives de 1303, de 1321 et de 1324 atteignaient directement certaines nations étrangères qui avaient l'habitude de s'approvisionner en France pour certains produits tels que le vin et la laine. Plusieurs réclamèrent, entr'autres les Flamands qui offrirent à Charles-le-Bel de rétablir la liberté d'exportation moyennant une certaine somme qu'ils lui paieraient pour chaque achat de marchandises fait en France. Charles-le-Bel accepta la proposition et permit d'une façon générale l'exportation dans les Flandres des produits français à la condition que l'étranger acheteur paîerait un droit de 4 deniers pour livre. Ce droit fut appelé droit de rêve. La même faculté fut accordée aux autres nations. Comme le droit de rêve était en quelque sorte le prix de rachat du droit de haut passage, ces deux droits en principe devaient s'exclure; ce qui n'empêcha pas les maîtres de ports de les percevoir concurremment en plusieurs occasions, sous prétexte que les ordonnances de Charles-le-Bel n'avaient pas aboli celles de 1303 et de 1321.

Après l'ordonnance de Charles-le-Bel, les permis d'exportation continuèrent à être délivrés et le droit de haut passage à être perçu, toutes les fois que l'étranger acheteur ne payait pas le droit de rêve. Peu à peu le grand nombre des permis adressé à la Chambre des comptes donna l'idée de tarifs réglant d'une façon définitive les droits qui seraient perçus à la sortie de certains objets. Un premier tarif fut fait pour les laines en 1342; d'autres furent ensuite établis pour les toiles, les fils et diverses autres marchandises. L'exportation de tous ces articles fut permise à l'avenir, et le permis d'exportation se borna au paiement effectif de la taxe fixée au tarif. Quant aux tarifs, ils furent remaniés à différentes reprises; ils subirent surtout une augmentation considérable, lorsque, pour payer la rançon du roi Jean, on créa un nouveau droit, appelé imposition foraine : droit qui, bien que temporaire, fut levé jusqu'au règne de Henri II. En

_______________

(1) Ord. de décembre 1324.

général ces tarifs distinguaient trois sortes de marchandises :

1° Celles qui ne pouvaient être exportées hors du royaume sans lettres du roi. L'exportation de ces marchandises continuait en principe à être prohibée absolument; elle n'était permise qu'à des conditions particulières déterminées par le prince pour chaque cas spécial. Ces marchandises étaient ordinairement la monnaie, la vaisselle, les joyaux d'or et d'argent, les armes défensives ou offensives, cottes de mailles, boucliers, lances, épées, les draps crus, blancs ou teints, etc., toutes choses, en un mot, dont on craignait d'enrichir les étrangers ou d'appauvrir le royaume.

2° Les marchandises qui payaient seulement les droits accoutumés, dits droits de rêve. Cette catégorie comprenait toutes les marchandises qui n'en étaient pas expressément exceptées. Le tarif était fixé *ad valorem ;* c'était 4 deniers par livre.

3° Les marchandises qui payaient outre le droit de rêve des droits particuliers : par exemple les laines qui payaient 8 deniers, les toiles qui en payaient sept, les peaux de mouton, les fers et aciers, les bestiaux, soumis à des tarifs spéciaux.

Le nombre des maîtres de port, auxquels était affermé le produit des taxes d'exportation, fut augmenté et on leur permit d'établir dans des endroits fixes des bureaux de douane où se faisait la perception des droits. Ces bureaux furent appelés bureaux des traites. Ils ne se trouvaient qu'à la frontière. Les marchands auraient voulu payer les droits de traite au lieu même d'où ils envoyaient les marchandises; ils auraient évité par là de livrer à des voituriers ignorants le soin difficile de discuter le chiffre de la taxe. Mais le fisc l'entendit autrement et il maintint à la frontière la perception des droits de douane (1). Bien plus, la marchandise exportée ne pouvait pas toujours suivre la voie la plus courte; elle était obligée de passer par l'endroit où se trouvait le bureau du fisc (2).

Un droit de juridiction fut attribué aux bureaux des traites malgré les baillis qui le leur contestaient. Les bureaux des traites jugeaient en première instance le contentieux des douanes;

---

(1) Ord. février 1392, — février 1397.
(2) Lettres du 24 mars 1394.

l'appel appartenait à ce moment à la Chambre des comptes; il appartint plus tard aux sénéchaussées, ensuite au parlement, enfin à la Cour des aides.

Le système des droits d'exportation ainsi constitué subit peu de changements jusqu'à la fin du seizième siècle. De nouveaux tarifs furent seulement faits à différentes époques; le principal fut celui de 1541. En 1551 l'ancienne distinction des droits de haut passage et des droits de rêve, qui depuis longtemps n'avait plus sa raison d'être, disparut définitivement; Henri II supprima ces deux sortes de droits et les remplaça par un droit unique, qu'on appela domaine forain, parce que le droit d'établir une taxe de douane était considéré comme un droit attaché à la couronne. Le domaine forain était levé sur toutes les marchandises sans distinction à raison de 8 deniers pour livre de leur valeur. Plusieurs provinces ayant fait entendre des réclamations, on laissa subsister chez elles les anciens droits. Les droits d'exportation furent encore aggravés par Henri III; ce dernier établit en 1577 sous le nom de traite domaniale un nouveau droit de sortie sur les grains, vins, légumes, toiles, pastel, laines et autres objets qui avaient été exemptés de toute taxe par les tarifs précédents.

A partir du dix-septième siècle le nombre des taxes sur l'exportation diminue d'une façon notable. C'était une conséquence des systèmes mercantiles et protecteurs qui consistaient à favoriser les exportations et à entraver les importations : les tarifs furent remaniés sous Henri IV, sous Louis XIII et sous Louis XIV; un grand nombre de marchandises et de denrées furent exemptées de toute taxe, et leur exportation se fit en franchise de droit; les prohibitions furent levées et l'exportation de l'or et de l'argent resta seule expressément interdite comme autrefois sous peine de mort; enfin on adoucit le tarif des marchandises qui restèrent imposées; Colbert le simplifia en substituant un droit unique à tous ces droits multiples perçus à l'exportation sous le nom d'imposition foraine, de domaine forain et de traite domaniale.

La perception des taxes d'exportation fut attribuée en 1598

au fermier des cinq grosses fermes, lorsque Sully eut réuni en un seul et même bail les droits de sortie et d'entrée.

Taxes d'importation. — Pendant longtemps les taxes d'importation se sont confondues avec les péages. Quand une marchandise venant de l'étranger, entrait dans un port ou dans une ville frontière, on n'exigeait d'elle que le droit de péage ordinaire. Ainsi le bétail étranger qui venait paître en France payait une obole par tête au temps de Philippe Ier; de même c'était un droit de péage plutôt qu'une taxe d'importation que payaient les marchands étrangers quand ils venaient vendre aux foires de Champagne, de Beaucaire et de Lyon.

Toutefois, si les rois n'avaient pas cru devoir soumettre à un tarif spécial l'importation des marchandises étrangères, ils ne manquaient pas en diverses occasions de lui apporter des entraves sous des formes diverses. Tantôt ils défendaient d'une façon générale aux étrangers de venir commercer en France sans une autorisation spéciale concédée par le roi moyennant finance; c'est ainsi qu'en 1295 les Lombards furent autorisés à venir vendre dans le royaume moyennant une taxe de un denier par livre de marchandise vendue. Tantôt ils prohibaient l'importation de telle ou telle marchandise en particulier; ainsi une ordonnance de 1443 défendait d'importer dans les lieux de l'obéissance du roi les draps de Normandie, du Bordelais et de l'Angleterre « pour obvier à ce que l'or et l'argent, billon et autres finances ne soient plus portés en l'obéissance de nos anciens ennemis les Anglais. » Nous voyons déjà poindre en cette ordonnance un germe du système mercantile. Louis XI n'alla pas si loin; il se contenta de lever quelques droits sur les marchandises étrangères exposées aux foires du Languedoc et de Lyon. Le tarif des droits était fixé par un commissaire royal et par les généraux des finances.

Ce fut seulement en 1549, avec l'apparition du système protecteur que furent établies les véritables taxes d'importation sur les marchandises étrangères. Ces taxes ne frappaient d'abord que les épiceries et les drogueries; pour en faciliter la perception, les marchandises imposées ne pouvaient entrer en France que par certains ports désignées; le produit de l'impôt fut d'abord affermé, puis sa perception fut régie par des receveurs et contrôleurs royaux. En 1581 Henri III étendit la taxe à toutes les denrées et marchandises venant de l'étranger, sauf un petit nombre d'exceptions. Le taux du droit était d'abord de deux pour cent de la valeur des marchandises, mais il ne tarda pas à être augmenté sous les règnes suivants (1).

A partir de 1598 on établit dans la législation douanière une certaine uniformité qui lui avait manqué jusque-là, en soumettant à des règles analogues les taxes d'importation et les taxes d'exportation. Sully fut l'auteur de cette importante réforme. Jusqu'à lui la perception des droits d'importation et la perception des droits d'exportation, confiées à des mains différentes, s'étaient faites séparément : cette division amenait dans l'administration financière une complication inutile. Sully fit disparaître ce grave inconvénient en réunissant les droits d'entrée et les droits de sortie en un seul et même bail qu'on appela bail des cinq grosses fermes. Ce bail comprenait : 1° les anciens droits de sortie, domaine forain, imposition foraine ; 2° les nouveaux droits de sortie, ou imposition foraine nouvelle, sorte de centimes additionnels ajoutés à la taxe primitive; 3° les droits d'entrée sur les épiceries et drogueries ; 4° les droits d'entrée sur les autres marchandises; 5° les droits particuliers perçus à Calais. La recette se faisait par des receveurs en titre d'office que surveillaient des contrôleurs nommés par le fermier. Le droit de juger les contraventions et les contestations relatives à l'application des tarifs appartenait en première instance aux bureaux des traites qui continuèrent à former une juridiction spéciale; l'appel était porté devant la cour des aides.

Cette organisation douanière subsista sans changement notable jusqu'à la Révolution. Les tarifs seuls furent complètement remaniés à différentes reprises par Colbert, Pelletier, Pontchartrain et Desmarets.

---

(1) Edit de 1581.

### § II. — Douanes intérieures.

Ce serait une erreur de croire que les taxes d'exportation et d'importation se percevaient seulement à la frontière du royaume. Il existait dans l'intérieur même du pays toute une ligne de douanes, résultat d'une scission qui s'était produite sous le roi Jean entre les différentes provinces.

On se rappelle qu'un certain nombre d'entre elles avaient autorisé le roi à percevoir chez elles sous forme de taxes des aides sur les marchandises vendues; certaines autres au contraire avaient refusé le subside demandé, et le roi, pour indemniser son trésor du refus que faisaient ces provinces de contribuer aux aides, les fit traiter comme pays étrangers, lorsqu'il fut question d'appliquer les tarifs de douanes. C'est ainsi que des bureaux de traite furent établis dans la Picardie du côté de l'Artois, dans l'Anjou du côté de la Bretagne et du Maine, dans le Poitou du côté de l'Angoumois, dans le Berry du côté de la Marche, dans le Bourbonnais du côté de la Marche, de l'Auvergne et du Forez, dans le Lyonnais et le Languedoc du côté de l'Auvergne. Toute marchandise qui sortait de ces provinces pour entrer dans une province où l'aide avait cours, payait la taxe d'importation; celle qui venait d'une province des cinq grosses fermes pour entrer dans une province réputée étrangère, acquittait la taxe d'exportation. Le tarif fut d'abord fixé à 6 deniers pour livre; plus tard, il fut le même que le tarif existant vis-à-vis des nations étrangères : il subit dès lors les mêmes fluctuations que lui.

Les provinces réputées étrangères avaient elles-mêmes une ligne de douane vis-à-vis de l'étranger; les règles étaient les mêmes que pour les autres provinces. Il arriva seulement qu'en 1664 les provinces réputées étrangères n'acceptèrent pas le nouveau tarif établi cette année. Celui-ci ne fut applicable qu'aux marchandises qui sortaient des provinces des cinq grosses fermes ou qui y entraient. Il fallut pourvoir pour un tarif différent, celui de 1671, aux douanes des provinces réputées étrangères.

Certaines provinces étaient traitées complètement comme pays étrangers, en ce sens, qu'une ligne de douane les séparait de la France, tandis qu'il n'en existait aucune entre elles et les nations étrangères. Ces provinces étaient l'Alsace, les Trois-Evéchés, Bayonne, Marseille et Dunkerque. Les bureaux de traite étaient placés sur la frontière qui séparait ces pays de la France; au contraire les communications avec l'étranger restaient libres. Dunkerque, Bayonne et Marseille avaient été déclarés ports francs, afin d'y attirer le commerce maritime.

Ce qui frappe surtout dans notre ancienne organisation douanière, c'est le défaut d'uniformité dans l'établissement des taxes, et, si on y joint les péages, le nombre incalculable de droits qui entravaient la circulation des marchandises. Un pareil système n'était guère fait pour favoriser le commerce d'autant plus que l'avidité des fermiers ne manqua pas d'introduire dans la pratique certaines mesures vexatoires, qui du reste subsistent encore même de nos jours, et dont voici quelques exemples. Les fermiers et les commis avaient le droit de faire décharger les marchandises, d'ouvrir les ballots, caisses, tonneaux, etc., lors de leur arrivée devant les bureaux, afin de vérifier si aucune fraude n'était commise dans la déclaration du poids, de la qualité et de la quantité des marchandises. Tout voiturier devait prendre la route qui conduisait au bureau des traites alors même qu'une autre voie plus courte l'eût amené plus vite à sa destination; il devait s'arrêter avec sa marchandise à tous les bureaux qui se trouvaient sur sa route, et les marchandises pouvaient être visitées dans chaque bureau, alors même qu'il avait un passe-avant, délivré par le premier bureau : ce passe-avant n'exemptait pas de la visite des bureaux subséquents qui, sous prétexte d'un avis reçu, pouvaient toujours la recommencer.

# DROIT FRANCAIS

---

## EXAMEN CRITIQUE

des contributions indirectes au point de vue
économique,
au point de vue administratif, et
au point de vue contentieux.

# CHAPITRE PREMIER.

----

## TABLEAU CRITIQUE DES IMPOTS INDIRECTS AU POINT DE VUE ÉCONOMIQUE.

La loi du 8 janvier 1790 définit les impôts indirects : tous les impôts assis sur la fabrication, la vente, le transport et l'introduction de plusieurs objets de commerce et de consommation, impôt dont le produit ordinairement avancé par le fabricant, le marchand ou le voiturier est supporté et indirectement payé par le consommateur. Dans cette définition rentrent aisément l'impôt sur les consommations, les douanes et péages, les taxes sur la fabrication des tabacs, des cartes à jouer, des allumettes chimiques et des poudres et salpêtres, les postes, le télégraphe et l'impôt sur la petite vitesse. Les droits d'enregistrement ne devraient pas, d'après elle, être considérés comme impôts indirects, mais on s'est habitué en pratique à les ranger dans cette classe.

Mon intention n'est pas d'étudier séparément dans ses détails chacun de ces impôts. Une pareille étude serait trop fastidieuse et fort peu juridique. Laissant de côté les règles particulières à l'organisation de chaque impôt, je me bornerai à examiner les contributions indirectes dans leur ensemble au point de vue économique, au point de vue administratif et au point de vue contentieux. Au premier point de vue je rechercherai si notre système des contributions indirectes est conforme aux principes de l'économie politique ; au second, j'étudierai l'organisation administrative des contributions indirectes ; au troisième, j'étudierai son organisation judiciaire. Ce chapitre sera réservé à l'étude des contributions indirectes au point de vue économique.

Et d'abord que faut-il entendre par impôts indirects d'après les lois économiques ? Les économistes ne sont pas d'accord sur la définition qu'il faut en donner. Ceux-ci entendent par impôts indirects tous les impôts autres que les impôts directs, c'est-à-dire les impôts autres que ceux qui pèsent directement sur la propriété ou sur la personne nominativement désignées. Ceux-là considèrent comme impôts indirects ceux qui d'ordinaire sont traités comme tels par les législateurs, sans se préoccuper si ces derniers, dans le classement qu'ils ont fait des contributions directes et des contributions indirectes, ont toujours tenu compte des différences de caractère existant entre ces deux catégories d'impôts. D'après l'opinion la plus généralement acceptée, les impôts indirects sont ceux qui sont perçus à l'occasion de certains actes accomplis par les individus. Deux caractères les distinguent dans cette définition des impôts directs : 1º La règle de la proportionnalité ne peut plus présider à leur établissement, puisqu'au lieu de peser sur le revenu présumé de chaque individu, ils frappent certains actes nécessaires à l'existence. 2º La perception de l'impôt ne se fait plus d'après un rôle fixé à l'avance ; elle doit nécessairement avoir lieu au moment même où s'accomplit l'acte qui a été imposé.

Mais quels sont les actes au sujet desquels un impôt peut être établi ? Y a-t-il là, comme on l'a cru longtemps à Rome et dans notre ancien droit, une taxation arbitraire, sans règle fixe comme sans conséquence favorable ou fâcheuse pour le corps social ? Non ; la détermination de ces actes est de la compétence de la science économique qui est aujourd'hui en mesure de donner sur ce point des règles certaines. Malheureusement la pratique l'a devancée et avant même que l'économie politique fût connue tout au moins à l'état de science, les gouvernements avaient inscrit sur une liste sans fin les actes qu'ils voulaient frapper d'un impôt. En pareille circonstance le rôle de l'économie politique a dû se borner à réglementer et à réformer les taxes primitivement établies sans aucune prévoyance de leurs dangers économiques. Cette liste, commencée par les Romains, augmentée par les légistes du moyen-âge et les jurisconsultes de l'ancien droit, existe aujourd'hui plus longue que jamais : sous les dénominations multiples d'impôt sur les consommations, de douanes et de péages, d'enregistrement et de timbre, de droits de mutation, etc., on a soumis à une taxe la plupart des actes de la vie civile et même de la vie privée des individus : on paie un impôt quand on achète les objets nécessaires à sa subsistance, on paie un impôt, quand on fait circuler certaines marchandises sur la frontière ou dans l'intérieur du royaume ; on paie un impôt pour avoir le droit d'acquérir ou de vendre une propriété immobilière ou mêmes certaines valeurs mobilières ; enfin on paie un impôt quand on rédige un acte public ou qu'on plaide en justice. Nous avons déjà vu que presque tous ces impôts étaient usités à Rome et dans l'ancien droit ; aujourd'hui leur réglementation s'est améliorée en même temps que leur nombre s'est accru. Il est permis toutefois de se demander si, dans cette réglementation, le législateur moderne s'est conformé aux données de l'économie politique. Nous répondrons à cette question en recherchant d'une part quelles sont ces données et d'autre part quel a été le système suivi par le législateur.

L'économie politique accepte en principe comme mode d'impôt les taxes sur les objets de consommation, les douanes, l'enregistrement et le timbre, et, s'ils sont modérés, les droits de mutation. Elle veut toutefois que ces droits soient établis suivant certaines règles fixes, que nous allons examiner en étudiant séparément chacun de ces impôts.

Impots sur les objets de consommation. — Une grave dissidence d'opinions s'est produite parmi les économistes sur le mode d'établir les impôts de consommation. Tandis que les uns les font peser exclusivement sur les objets de luxe, les autres n'hésitent pas à les étendre même aux objets de nécessité absolue. Les plus grands maîtres en la science économique soutiennent la première opinion : tels sont Adam Smith, J.-B. Say et M. Hippolyte Passy. Ces auteurs condamnent l'impôt sur les objets de consommation usuelle ; J.-B. Say en donne la raison : « L'impôt sur les consommations, dit-il, est nécessairement proportionnel à la quantité de la chose consommée, et comme la quantité de la chose consommée ne peut suivre la proportion de la fortune, il s'ensuit que ce genre d'impôt, qui joue le principal rôle dans les pays fortement imposés, tombe sur les contribuables d'autant plus qu'ils sont moins riches. En effet, un homme qui jouit de 300,000 fr. de revenu ne saurait consommer trois cents fois plus de bière ou de vin que l'homme qui n'a que 1,000 fr.; les petites fortunes supportent donc sous ce rapport un véritable impôt progressif, c'est-à-dire d'autant plus fort proportionnellement que les facultés des contribuables sont moindres. » M. Hippolyte Passy ajoute (1) : « Les taxes indirectes ont pour effet inévitable d'élever la valeur totale des produits, et ce sont les consommateurs qui, en définitive, en acquittent le montant. Il s'ensuit que la répartition plus ou moins égale, plus ou moins proportionnelle des charges dépend de la nature même des produits soumis à l'impôt. Règle générale, plus les produits dont l'impôt accroît le prix sont indispensables à la satisfaction des besoins de l'homme et moins l'impôt qui les frappe se proportionne aux facultés de ceux qui les paient, plus il prend aux familles pauvres des faibles revenus dont elles jouissent. » Les mêmes auteurs admettent au contraire l'impôt sur les objets de luxe, parce que, disent-ils, autres sont les effets des taxes qui portent sur le sel, les farines et les boissons, et les effets des taxes qui portent sur les consommations de luxe; comme ces dernières n'atteignent que le surplus, leurs inconvénients disparaissent et elles sont accueillies avec moins de murmure.

Plus petit est le nombre de ceux qui défendent l'impôt sur les consommations; mais la valeur des arguments qu'ils apportent

_______

(1) Dictionnaire de l'économie politique.

peut être mise en balance avec l'autorité attachée aux noms de leurs contradicteurs. Ils partent de cette idée qu'étant donnée l'énormité des charges pécuniaires pesant sur chaque État, les impôts sur les consommations sont absolument nécessaires pour l'équilibre des budgets. Que ferait-on si on n'avait pas les centaines de millions que fournissent à l'État français les taxes sur les boissons, sur le sucre et autres objets de consommation ? On dit qu'on les retrouverait si on établissait soit l'impôt direct progressif, soit l'impôt sur le revenu ; mais alors il faudrait prouver que l'impôt progressif et l'impôt sur le revenu valent mieux que l'impôt sur les consommations, chose fort douteuse, si on prend seulement garde à ce fait que les impositions indirectes sont en usage surtout parmi les peuples les plus civilisés, tandis que les peuples les plus barbares restent courbés sous le poids des taxes directes. « En Angleterre, disait M. Thiers en 1872, le progrès « de la richesse est tel qu'en prenant une très-légère part des « fruits qu'il donne chaque année, l'État peut obtenir des sommes « considérables sans apporter le moindre trouble dans les rela- « tions commerciales, tandis qu'en Turquie, pour avoir de l'argent « en petite quantité, le gouvernement s'attaque aux sources « mêmes de la richesse, le prélève non-seulement sur le revenu « mais sur le capital, ce qui diminue les forces productives du « pays et le condamne à une infériorité constante. » C'était peu de se retrancher derrière les nécessités actuelles et l'exemple des nations civilisées ; les partisans du second système ont essayé, sinon d'établir la légitimité des impôts sur la consomma- tion, du moins de détruire le reproche qu'on leur faisait d'être contraires à la loi de la proportionnalité ; ils ont montré en par- ticulier qu'ils ne constituaient pas un impôt progressif à rebours comme le prétendaient J. B. Say et M. Hippolyte Passy. Il leur a suffi pour cela de scruter plus à fond la répercussion de l'impôt.

On a coutume de dire que l'impôt est acquitté par le consom- mateur. « De quelque façon que vous vous y preniez, disait « M. Thiers dans son livre sur la propriété, l'impôt retombera « toujours sur le consommateur. » Ce premier effet de la réper- cussion de l'impôt, c'est ce qu'on voit, comme aurait dit Bastiat ;

mais il en est un autre qu'on ne voit pas et qui pourtant modifie fortement le premier. Ne croyez pas en effet que l'ouvrier qui en apparence a payé l'impôt sur tel objet de consommation, va le supporter définitivement? Nullement, son salaire va s'augmenter à proportion même de la taxe qui a enchéri les objets nécessaires à sa subsistance. Quand pour une raison quelconque le prix des denrées augmente, que les loyers enchérissent, les salaires augmentent dans une égale proportion; la preuve en est fournie par toutes les statistiques. Celles-ci nous montrent par exemple que depuis cinquante ans les prix des denrées et autres objets nécessaires à la vie ont augmenté en moyenne de 30 à 40 pour 100, mais que pendant la même période les salaires se sont accrus de 50 à 60 pour 100. La raison de cette augmentation est bien simple : en effet, de même que les marchands vendent leurs marchandises d'après leur prix de revient, les ouvriers livrent leurs services également d'après leur prix de revient et dans les débats de l'offre et de la demande, obtiennent toujours comme minimum de salaire ce qui est nécessaire à leur existence. Or les impôts agissent de la même façon que toute autre cause d'enchérissement des objets de consommation; comme ils rendent plus onéreux pour l'ouvrier ses moyens de subsistance, ils appellent en retour une augmentation de salaire. Mais alors, si ce n'est pas l'ouvrier ou l'homme du peuple qui acquitte en dernière analyse l'impôt sur les consommations, par qui celui-ci sera-t-il payé? C'est ici que paraît le second effet de la répercussion de l'impôt: en effet, si les salaires augmentent, le prix de tous les objets manufacturés augmentera dans la même proportion; l'impôt sur les consommations se traduira par un enchérissement de toutes choses, en un mot, il se fera payer sur le revenu brut sur lequel nous vivons tous; or comme les riches prennent sur ce revenu brut une part plus grande que les pauvres, ils supportent une part plus grande de l'impôt, et ainsi se trouve rétablie la règle de la proportionnalité de l'impôt qu'on avait cru violée, parce qu'on avait pas étudié à fond les phénomènes de la répercussion.

Je ne raisonne bien entendu qu'en supposant les choses dans

leur état normal. Il ne faudrait pas croire que les salaires se mettent d'un jour à l'autre au niveau du prix des objets de consommation, enchéris par l'impôt ; cet équilibre ne s'opère que peu à peu, et voilà pourquoi il est si dangereux de modifier le taux des impôts de consommation.

Tout en étendant aux objets de nécessité absolue l'impôt de consommation, il est permis de se demander s'il ne serait pas utile de soumettre à un tarif différent d'une part les objets de consommation proprement dits et d'autre part les objets de luxe, de soumettre les premiers à un simple droit fixe assez minime, et les seconds à un droit proportionnel à leur valeur. Sans être partisan des lois somptuaires qui n'ont jamais rien valu, j'admets qu'ou impose plus fortement les objets de luxe ; mais il ne faudrait pas perdre de vue cette considération qu'on peut se passer de ces objets, tandis qu'on ne peut pas se passer des objets de première nécessité, quel que soit l'impôt qui pèse sur eux. « Il n'est pas indifférent, disait naguère M. Victor Bonnet, même « à un homme aisé d'avoir à payer en plus de ses impôts ordi- « naires 200 ou 300 francs pour sa voiture et ses chevaux, 50 ou « 60 pour son abonnement au cercle. Il se peut que pour éviter « cette taxe spéciale, il renonce à l'une ou à l'autre de ces jouis- « sances et, s'il y renonce voilà plus d'une industrie qui se « trouve atteinte indirectement. » (1)

De la théorie passons à la pratique. Laquelle de ces deux opinions bien tranchées qui se sont produites en doctrine sur le point de savoir quels objets devait frapper l'impôt de consom- mation, le législateur français a-t-il suivi ? Est-ce celle d'après laquelle il ne faudrait imposer que les objets de luxe, ou bien celle qui ne craint pas d'étendre l'impôt même aux objets de consommation ? On peut répondre qu'il a suivi l'une et l'autre opinion. Il a mis un impôt sur les boissons, sur le sel, sur le café, sur le sucre, etc., comme ce sont là des objets de première néces- sité dont personne ne peut guère se passer, on a pu mettre les taxes qui pèsent sur eux à un taux en général assez modéré. Ainsi la taxe du sel qui donne 40 millions par an ne compte guère

_______________

(1) *Revue des Deux-Mondes*, 1er déc. 1877.

que pour 4 francs dans le budget d'une famille de 4 personnes ; l'impôt sur les boissons avec ses 377 millions de produit augmente de 5 à 6 centimes en moyenne le prix d'un litre de vin ; mais tous ces centimes recueillis chaque jour et sur l'ensemble de la population fournissent en fin de compte des sommes considérables. Seuls les tarifs applicables aux alcools et aux sucres sont avec raison considérés par leur élévation comme nuisibles à ces branches d'industrie. D'un autre côté le législateur, sacrifiant aussi à ce préjugé que les impôts sur les objets de consommation constituent des impôts progressifs à rebours, voulut imposer d'une façon spéciale certaines marchandises de luxe, telles que les billards, les voitures et les chevaux. S'il s'était contenté d'une taxe modérée, alors même que celle-ci eût été plus élevée que la taxe ordinaire sur les objets de consommation, on n'aurait vu dans cette innovation qu'une distinction de tarifs, s'expliquant par la qualité des consommateurs, et comme l'industrie n'aurait pas été lésée par une diminution de consommation nulle plainte ne se serait élevée. Malheureusement le législateur ne l'a pas entendu ainsi ; il a mis sur ces sortes d'objets un impôt tellement élevé, qu'il en a fait un véritable impôt somptuaire. Il en résulte que ces taxes de luxe, en restreignant le nombre des personnes qui auparavant achetaient des chevaux, des voitures, des billards et autres objets du même genre, rapportent à l'État à peine 11 millions sur un budget de 2 milliards et demi, et pour arriver à ce résultat insignifiant on établit des mesures vexatoires pour les individus et on ruine certaines industries.

Douanes. — Les douanes peuvent être considérées tout à la fois comme instrument fiscal et comme instrument de protection pour l'industrie nationale. L'économie politique a fait aux douanes leur procès en tant qu'elles constituent un instrument de protection ; mais elle les laisse subsister en tant qu'elles agissent dans un intérêt fiscal. Elle condamne leur premier caractère parce qu'elle le croit contraire au principe de la propriété et au bien-être des consommateurs ; elle confirme le second pour une triple raison : 1° les douanes constituent un impôt ni plus ni moins

onéreux ou vexatoire que beaucoup d'autres impôts ; 2° elles ont
cet avantage particulier que leur produit est dans un rapport
constant avec les éléments de bien-être qui entrent dans la
nation, qualité que n'ont pas tous les impôts ; 3° les douanes,
même en tant qu'impôts, sont utiles pour empêcher l'industrie
nationale de tomber dans un état d'infériorité vis-à-vis des industries étrangères. Il est en effet de toute justice que si, dans l'intérieur du pays, l'industrie nationale est assujettie à certains
droits fiscaux, on fasse payer au passage de la frontière à l'industrie étrangère le tribut que l'industrie nationale elle-même a payé.

La répercussion des douanes en tant qu'impôts produit les mêmes effets économiques que la répercussion des impôts sur les
consommations : si le droit de douane frappe à la frontière les objets
qui, à l'intérieur, sont soumis à l'impôt de consommation, il n'est
que l'équivalent de celui-ci. S'il frappe un objet de provenance
étrangère, non susceptible d'être produit en France, il a encore
le même caractère et le même résultat qu'un impôt de consommation. S'il frappe un objet qui, étant susceptible d'être produit
en France, n'y est soumis à aucune taxe, la douane agit alors
comme instrument de protection et ses effets sont tout différents.
Le résultat d'une pareille taxe est facile à connaître : car de deux
choses l'une. Ou bien par l'effet de cette taxe le produit étranger
ne peut se vendre sur le marché qu'à des conditions inférieures à
celles des marchandises nationales ; dans ce cas la taxe correspond à une véritable prohibition et, comme le produit étranger
n'entre pas en France, le fisc ne perçoit aucun profit, et le prix
des denrées similaires augmente en France puisque l'offre est
restreinte. Ou bien par l'effet de la taxe la marchandise étrangère ne peut se vendre qu'à des conditions égales aux conditions
de la marchandise nationale ; en pareil cas les produits étrangers
entrent en France, et la taxe est perçue par le fisc sur les marchandises qui franchissent la frontière. Jusque-là rien d'injuste,
mais où commence l'injustice c'est quand le consommateur est
obligé de payer, pour les objets similaires d'origine nationale,
au fabricant de ces objets le supplément de prix qui constitue
son bénéfice par l'effet de la taxe qui a restreint la concurrence

ou égalisé les conditions entre l'industrie nationale et l'industrie étrangère.

En France, les douanes ont joué un rôle très-important depuis le commencement du siècle. Le gouvernement s'en est servi tour à tour comme arme de guerre, comme instrument fiscal et comme moyen de protection. Pendant la période révolutionnaire, sous le Directoire, sous le Consulat et sous le premier empire, la France lutta contre les pays voisins et en particulier contre l'Angleterre non plus seulement avec des canons et des fusils, mais encore avec des tarifs de douanes. Elle rendit décrets sur décrets pour empêcher l'introduction sur le sol français des marchandises anglaises, et comme les produits des autres nations étaient suspects d'origine anglaise, ils furent frappés des mêmes rigueurs. Le blocus continental, édicté en 1806 par le décret de Berlin, fut la dernière expression de cette politique outrée. On sait aujourd'hui à quoi s'en tenir sur la grandeur de cette conception que certains historiens ont voulu justifier et même glorifier, et, s'il est vrai que les édits de proscription lancés par Napoléon furent accueillis avec plaisir par certaines Chambres de commerce, il ne faut pas oublier qu'ils durent peu à peu être adoucis et même supprimés parce qu'ils frappaient tout à la fois les Français et ceux qu'on voulait atteindre.

Quand Napoléon tomba, la politique de prohibition presque absolue était passée dans les mœurs industrielles ; on considérait la prohibition comme étant de droit politique et social et on proclamait la nécessité qu'elle fût éternelle. Aussi ne faut-il pas s'étonner si de 1814 à 1830 il parut dix grandes lois de douanes qui amenaient chaque année des prohibitions multipliées, des taxes excessives et des pénalités draconiennes contre les fraudeurs. Ainsi s'établit et se consolida sous la Restauration le régime de la protection. Louis-Philippe essaya de lutter contre les protectionistes et à diverses reprises il essaya d'abaisser les barrières de douanes, mais il dût s'arrêter devant l'opposition des Chambres. Les réformes commerciales inaugurées par l'Angleterre en 1842 trouvèrent de nombreux partisans en France et suggérèrent des idées libérales à une partie de la presse et à la 'plupart des professeurs des chaires officielles. Fort de cet appui, le gouvernement de Louis-Philippe allait rentrer dans la voie des réformes lorsque la révolution de 1848 le renversa et donna une nouvelle force au régime de la prohibition en le consacrant solennellement par un vote de l'Assemblée républicaine (28 juin 1851).

Ce fut en 1856 que l'empire osa pour la première fois présenter un projet de loi abolissant les prohibitions, mais il dut le retirer devant les réclamations des protectionistes et promettre d'ajourner jusqu'en 1861 toute proposition relative à la levée des prohibitions. Cette résistance obstinée des protectionistes dont on ne pouvait espérer triompher, fit concevoir à l'empereur l'idée de recourir au droit qui lui était concédé par la constitution de 1852 de conclure des traités. Il trouva dans ce droit le moyen de supprimer diplomatiquement des prohibitions qui avaient résisté à tous les procédés constitutionnels. Il commença par négocier avec l'Angleterre le traité du 23 janvier 1860, qui modifiait complétement la nature des tarifs : les prohibitions étaient supprimées et remplacées par des taxes plus ou moins élevées : les taxes qui existaient déjà furent réduites et un nouveau tarif fut établi après une enquête confiée aux soins du Conseil supérieur de l'agriculture, du commerce et de l'industrie. L'exemple de l'Angleterre fut suivi par la plupart des gouvernements de l'Europe et de 1861 à 1867 des traités successifs furent conclus dans des conditions analogues avec la Belgique, l'Italie, la Suisse, la Suède, les Pays-Bas, l'Espagne, le Portugal, l'Autriche, le Zollverein allemand et les Etats pontificaux. Bien que tous ces traités soient expirés, et que l'époque de leur renouvellement soit proche, ils sont restés en vigueur jusqu'à ce jour.

Il résulte de cette analyse historique que les douanes ont été considérées par le législateur français tout à la fois comme moyen de protection et comme instrument fiscal. Jusqu'en 1861 le premier caractère dominait le second au point de l'absorber presque complétement ; à partir de 1861 le caractère de protection diminue ; les douanes deviennent surtout un instrument fiscal, c'est pourquoi elles peuvent à juste titre être rangées dans la catégorie des contributions indirectes.

PÉAGES. — L'économie politique condamne les péages d'une façon absolue, à cause des entraves qu'ils apportent à la circulation des biens et du commerce. Ceux qui subsistent encore dans la législation actuelle de la France se justifient seulement par ce fait qu'ils sont le résultat d'une situation depuis longtemps établie et cette situation ne peut cesser que par des conventions amiables intervenant entre l'Etat et les propriétaires des péages.

DROITS D'ENREGISTREMENT ET DROITS DE MUTATION. — Les droits d'enregistrement proprement dits constituent un impôt d'une nature particulière. Jusqu'à un certain point ils peuvent être considérés comme étant la rémunération d'un service particulier rendu par l'Etat; ils ne constituent un impôt que pour la partie de la taxe excédant la valeur du service rendu, Ce caractère influe sur leur incidence; celle-ci n'atteint ordinairement que ceux qui reçoivent ces services.

En tant qu'ils constituent la rémunération du service rendu, les droits d'enregistrement sont parfaitement légitimes. En tant qu'ils constituent un impôt, l'économie politique fait une distinction : s'il s'agit d'actes extra-judiciaires, elle admet que leur enregistrement donne lieu à un impôt, à la condition que celui-ci soit proportionnel aux facultés de ceux qui les ont accomplis. Si au contraire il s'agit d'actes judiciaires, elle condamne d'une façon presque absolue tout impôt qui serait perçu à leur occasion, car, disait J. Bentham, « le vice radical des impôts sur les procédures est de tomber sur un individu à l'époque même où il est le plus probable qu'il n'est pas en état de les supporter. Le moment où une partie de sa propriété plus ou moins considérable est injustement détenue ou saisie est celui qu'on choisit pour lui demander une contribution extraordinaire. C'est dans le cours d'un procès qui arrête son industrie, qui suspend ses revenus, qui lui ôte au moins pour un temps des ressources sur lesquelles il avait compté, c'est lorsqu'il gémit sous la main d'un oppresseur, d'un spoliateur, que les gardiens de l'innocence lui font payer à chaque pas les actes par lesquels il cherche à maintenir ses droits ou à y rentrer. Tous les impôts doivent être mis sur l'abondance ou du moins sur l'aisance, le caractère de ceux dont nous parlons est de porter sur la détresse. » En condamnant ainsi les impôts sur les actes judiciaires, l'économie politique ne fait que réclamer la mise en pratique du principe de la gratuité de la justice, principe auquel ces impôts, par leur multiplicité, portent chaque jour une atteinte de plus en plus considérable.

En ce qui concerne les droits de mutation, la science économique ne les accepte que s'ils sont modérés. En effet s'il s'agit de droits de mutation frappant les transmissions à titre gratuit ou à cause de mort, l'acquéreur subit une expropriation partielle des biens qui lui sont transmis ; si la taxe est modique, elle sera légitime à cause de sa modicité seule ; mais si elle acquiert les proportions que lui ont données les législations actuelles elles sont une atteinte au principe de la propriété et un acheminement vers cette utopie socialiste d'après laquelle l'Etat a jusqu'à un certain point le domaine éminent des propriétés privées. S'il s'agit de droits de mutation frappant les transmissions à titre onéreux, on se trouve en présence d'un acquéreur qui, pouvant débattre librement les conditions de son acquisition, comprendra dans son prix d'achat le droit dû à l'Etat ; mais, comme d'un autre côté le détenteur actuel du bien ne se résoudra pas, sauf des circonstances particulières, à livrer sa propriété au-dessous du prix de revient, il faut, pour connaître l'incidence de l'impôt, et par conséquent sa légitimité, se référer aux règles ordinaires de l'offre et de la demande : si le bien est beaucoup recherché, c'est-à-dire si la demande dépasse l'offre, la taxe sera supportée par l'acheteur ; mais alors le bien sera enchéri d'autant, très-souvent d'une valeur purement factice, et plus le droit perçu par le fisc sera considérable plus le capital circulant que l'acheteur destinait à des améliorations utiles et souvent nécessaires, sera diminué. Si au contraire l'offre dépasse la demande, l'impôt sera le plus souvent supporté par le vendeur qui subira ainsi une véritable expropriation d'une partie de son bien : dans cette hypothèse encore par conséquent le droit de mutation ne sera légitime que s'il est très-modéré.

L'enregistrement, tel qu'il a été organisé par le législateur français, a, conformément aux principes de l'économie politique, deux objets : 1° un service public dans l'intérêt des particuliers ; 2° la constitution d'un impôt. Considéré comme service public, l'enregistrement a un but qui varie suivant les actes. Par rapport aux actes notariés, il a pour but d'assurer l'existence de l'acte et d'en compléter l'authenticité. Par rapport aux actes sous seing privé, l'enregistrement est un des moyens énoncés par l'article 1328 du code civil de donner à l'acte une date certaine contre les tiers et d'en assurer l'existence. Par rapport aux actes faits par les huissiers et autres officiers qui ont le droit de faire des rapports et des procès-verbaux, il s'identifie avec l'existence même de l'acte dont il est une formalité substantielle. Il assure l'existence des jugements et par rapport aux déclarations que la loi impose dans certains cas, il constate le mouvement de la propriété immobilière par l'effet des contrats ou des transmissions par décès.

Considéré comme impôt, l'enregistrement donne lieu à la perception d'un droit dont une partie est la rémunération du service rendu par l'État et dont l'autre est un véritable impôt. Cet impôt diffère de l'impôt sur les consommations par son défaut de périodicité et par son mode de recouvrement essentiellement accidentel. Il diffère de l'impôt direct en ce qu'il ne pèse pas directement sur les biens. Par l'enregistrement le législateur veut atteindre certains faits susceptibles d'être taxés comme preuve d'aisance ou comme accident de la circulation de la richesse. Tantôt ces faits n'encourent l'impôt qu'autant qu'ils sont constatés par un acte. Dans ce cas l'impôt est appelé droit d'acte. Tantôt ils sont imposés en eux-mêmes et l'administration peut, à défaut d'acte, les rechercher et en faire la preuve par d'autres moyens. Dans ce cas l'impôt est appelé droit de mutation.

Les droits d'actes sont multiples. On distingue en effet les droits sur les actes civils, les droits sur les actes judiciaires et les droits sur les actes extra-judiciaires. Dans la première catégorie rentrent la plupart des actes notariés et les actes sous-

seing-privé dans les deux cas suivants : 1° lorsqu'une des parties
veut donner date certaine à l'acte ; 2° lorsque l'acte est produit en
justice ou devant une autorité constituée. La seconde catégorie
comprend les actes dressés par le juge avec ou sans l'assistance
du greffier, ceux dressés par le greffier seul et certains actes
des avoués. Dans la troisième catégorie il faut ranger tous les
actes des huissiers et les actes analogues de certains officiers
ministériels, tels que les commissaires-priseurs. Tous ces actes,
soit civils, soit judiciaires, soit extra-judiciaires sont, à moins
d'exemption formelle, assujettis à l'impôt. Pour que l'impôt soit
encouru il n'est même pas besoin que l'acte soit nommé dans le
tarif : « Telle est, disent MM. Pont et Rodière (1), l'extension
« que comporte la loi fiscale qu'un acte même non tarifé n'en
« doit pas moins acquitter le droit ; il tombe sous l'application de
« la disposition générale qui atteint tous les actes que l'on est
« convenu dans la pratique de désigner sous la qualification
« d'innommés. »

En principe les droits de mutation sont perçus sur les transmissions entre-vifs de biens immeubles en propriété, usufruit ou
jouissance, et celles qui s'opèrent par décès de toute espèce de
biens (2). Je dis, en principe car depuis 1871 le législateur a
introduit deux exceptions à cette règle : ainsi un droit de mutation est dû pour les baux d'immeubles (3) et pour les ventes de
fonds de commerce, bien que celles-ci continuent d'être considérées comme ventes mobilières (4).

En ce qui concerne la quotité du droit perçu, tantôt le droit
est fixe, tantôt il est proportionnel. Il est fixe quand la somme
due est calculée en tenant compte seulement de la nature de
l'acte frappé ; il est proportionnel quand la taxe s'élève proportionnellement à la valeur de l'opération juridique imposée par la
loi. Les droits d'acte sont en principe des droits fixes ; au contraire

---

(1) Contrat de mariage t. I n° 176. — Loi 22 frim. an VII, art. 68.

(2) Loi 22 frim. an VII art. 4. — V. MM. Rigaud et Championnière, t. I,
n° 46.

(3) Loi 28 août 1871, — art. 11.

(4) Loi 23 févr. 1872, art. 7 et 8.

les droits de mutation sont toujours des droits proportionnels. Est-ce à dire que la distinction des droits fixes et des droits proportionnels corresponde à la distinction des droits d'acte et des droits de mutation ? Non. S'il est vrai en effet que tous les droits fixes sont des droits d'actes, il n'est pas exact de dire que tous les droits d'actes sont des droits fixes. Un grand nombre d'entre eux donne lieu à la perception d'un droit proportionnel : ce sont tous les actes portant transmission de propriété ou d'usufruit, obligation, libération, condamnation, collocation ou liquidation.

Cette classification des droits fixes et des droits proportionnels, mise à côté de la distinction des droits d'actes et des droits de mutation, est au point de vue économique la question principale en matière d'enregistrement. Pour en apprécier la valeur, il suffit d'en connaître le fondement. Écoutons ce que dit Laferrière sur ce point (1) : « En cherchant la théorie qui fonde la distinction des « droits fixes et des droits proportionnels à travers les nombreuses « dispositions de la loi, on voit qu'en résultat elle se résume dans « le caractère déclaratif et attributif des actes et des faits. Là est « le principe rationnel et le fondement de la distinction. Les actes « qui ont seulement le caractère déclaratif ne font point changer « de main une valeur; ils n'ont pas d'objet imposable; le droit « perçu pour l'enregistrement ne peut être que le salaire payé à « l'État pour l'opération d'un service public. Au contraire les « actes ou les faits qui ont le caractère attributif ou translatif de « propriété ou de droits analogues, comme ceux d'usufruit, de « jouissance, etc., opèrent un changement de mains, trans- « portent une chose d'un maître à un autre; ils ont un objet « imposable. Il ne s'agit plus de percevoir seulement un salaire « pour l'opération matérielle de l'enregistrement; il s'agit d'une « valeur, d'un capital que la loi n'avait pas le droit de chercher « dans le domicile inviolable du citoyen, mais qu'elle a le droit « de frapper comme toutes les autres propriétés apparentes au « moment où le capital se produit au-dehors, se manifeste soit « par un emploi réel et profitable soit par une transmission « gratuite. »

---

(1) Droit public et administratif t. II, p. 294.

Avec Laferrière je reconnais que toute la théorie des droits fixes et des droits porportionnels repose sur cette distinction des actes ou faits déclaratifs et des actes ou faits attributifs. Comme lui je reconnais que cette distinction est logique et qu'il est juste de percevoir un droit plus important toutes les fois qu'une valeur est mise en mouvement. Mais cette théorie qui a pu être celle du législateur de l'an VII, n'est-elle pas aujourd'hui complètement dénaturée ? Au moment de la loi de frimaire, alors que les droits fixes variaient de 1 fr. à 25 fr., on pouvait jusqu'à un certain point les considérer comme le salaire de la formalité de l'enregistrement, et tel devrait être leur caractère. Mais aujourd'hui, que ces droits peuvent s'élever à des chiffres considérables (1), on est obligé de reconnaître qu'ils constituent pour la plus grande partie un impôt, et cet impôt est devenu un véritable impôt proportionnel gradué, non pas, il est vrai, sur la valeur du bien mis en circulation, mais sur la nature d'un acte qui souvent ne suppose même pas la réalisation d'un bénéfice. Cette taxation arbitraire des droits fixes a fait que les droits d'enregistrement ne sont plus proportionnels aux facultés et pour ne citer qu'un exemple, il arrive tous les jours que dans une procédure en liquidation, pour une propriété de peu d'importance, on paie 40 à 50 pour 100 de droits, tandis que pour une liquidation plus considérable ces mêmes droits représentent 5 pour 100 au plus. En ce qui concerne les droits proportionnels je me contenterai de faire une seule observation. Nous avons vu que la modicité de ces droits faisait leur légitimité. Sans doute il est impossible de préciser le chiffre à partir duquel la modicité du droit cesse et l'exagération commence ; il y a là une question de plus ou de moins, variable suivant les temps et suivant les circonstances. Il est toutefois permis de se demander, lorsqu'on considère l'énormité des droits qui aujourd'hui pèsent sur les mutations de propriété par actes entre-vifs ou par succession, si le législateur français n'a pas déjà porté atteinte au principe de la propriété, et si, en élevant la valeur nominale des fonds de terre, il n'a pas dimi-

______

(1) Loi du 23 août 1871. — Loi du 28 février 1872. — Cette dernière loi transforme un certain nombre de droits fixes proprement dits en droits fixes gradués.

nué le capital circulant nécessaire à la prospérité de l'agriculture. N'est-il pas déjà sur le point de faire des concessions à l'idée des Saint-Simoniens qui, repoussant le droit de l'hérédité, veulent que chacun soit rémunéré suivant ses œuvres et non suivant les œuvres de ses ancêtres?

Comme les biens appartenant aux personnes morales sont jusqu'à un certain point soustraits au droit de mutation, on les a soumis par compensation à un impôt particulier, appelé amortissement. Ce droit remonte à l'époque féodale. Mais tandis que dans l'ancien droit l'amortissement figurait parmi les impôts indirects, puisqu'il ne se distinguait du droit de mutation proprement dit que par une élévation dans le tarif de la taxe, il doit dans notre droit moderne être classé parmi les impôts directs : car au lieu de se percevoir une fois pour toutes au moment de l'acquisition d'un bien par la personne de main-morte il s'acquitte annuellement sous forme de centimes additionnels ajoutés à la contribution foncière.

Postes et télégraphe. — Comme l'enregistrement, les postes et télégraphes dont le monopole appartient à l'État pour des raisons d'intérêt général que je ne discuterai pas, donnent lieu à la perception d'un droit dont une partie est la rémunération d'un service rendu et dont l'autre constitue un véritable impôt. En tant qu'elle constitue la rémunération du service rendu, la taxe est évidemment légitime : le seul point discutable est celui de savoir si l'État ne ferait pas mieux de laisser le service des postes et télégraphes à l'initiative privée, moyennant certaines conditions stipulées en faveur des campagnes et des endroits écartés. En tant qu'elle constitue un impôt elle se justifie encore, car, à la condition d'être modérée, elle n'apporte au commerce et aux relations sociales aucune atteinte préjudiciable.

# CHAPITRE II.

———

## APERÇU GÉNÉRAL SUR L'ORGANISATION ADMINISTRATIVE DES CONTRIBUTIONS INDIRECTES.

La perception des contributions indirectes se fait sous trois formes différentes : 1° sous forme de régie; 2° sous forme de ferme; 3° sous forme de monopole. De ces trois formes la régie est la plus usitée, tandis que le système de la mise à ferme est de plus en plus abandonné. En agissant ainsi le législateur a bien fait, car la régie a sur la ferme des avantages incontestables que Montesquieu a résumés en quelques lignes : « La régie, disait-il, est l'administration d'un bon père de famille qui lève lui-même avec économie et avec ordre ses revenus. Par la régie, le prince est le maître de presser ou de retarder la levée des tributs ou suivant ses besoins ou suivant ceux de ses peuples. Par la régie, il épargne à l'État les profits immenses des fermiers qui l'appauvrissent d'une infinité de manières. Par la régie il épargne au peuple le spectacle de fortunes subites qui l'affligent. Par la régie, l'argent levé passe par peu de mains; il va directement au prince et par conséquent revient plus promptement au peuple. Par la régie le prince épargne au peuple une infinité de mauvaises lois qu'exige toujours de lui l'avarice importune des fermiers qui montrent un avantage présent dans des règlements funestes pour l'avenir. »

Nous devons étudier de quelle façon ont été conçus par le législateur les trois systèmes de la régie, de la ferme et du monopole.

1° SYSTÈME DE LA RÉGIE. — Trois grandes administrations relevant toutes du ministère des finances sont chargées du recouvrement de la plupart des contributions indirectes. Ces trois administrations sont : 1° l'administration des contributions indirectes pour les impôts sur les consommations; 2° l'administration des douanes; 3° l'administration de l'enregistrement et du timbre.

1° *Administration des Contributions indirectes.* — Cette administration se compose d'une administration centrale et d'une administration locale. L'administration centrale comprend : 1° un directeur général, nommé par le chef de l'Etat. Le directeur surveille et dirige tout le service; il nomme à certains emplois et révoque après avis du Conseil d'administration les agents qui sont à sa nomination; il correspond avec les autorités et les particuliers; 2° quatre administrateurs, également nommés par le chef de l'Etat. Ces administrateurs sont placés chacun à la tête d'une division; leurs attributions sont déterminées par le ministre; 3° des chefs de bureau, nommés par le ministre, des sous-chefs et autres employés de tout grade nommés par le directeur général. Le directeur général et les quatre administrateurs forment un Conseil d'administration. Ce Conseil délibère sur le budget des dépenses de l'administration, sur les demandes en remise et réduction de droits, sur les pensions de retraite des employés, les suppressions d'emploi, etc. (1).

Le service local se compose : 1° d'un directeur par département, nommé par le chef de l'Etat. Le directeur dirige le service

______

(1) Ord. roy. des 5 janvier 1821 — 30 janvier 1822 — 30 décembre 1829.

de chaque département, exerce des poursuites contre les comptables en débet, approuve certaines transactions, représente la
régie devant les tribunaux, nomme les buralistes et répond de
leur gestion sauf son recours contre les contrôleurs ambulants et
les receveurs ; 2° d'inspecteurs placés à la tête d'un ou de plusieurs arrondissements et nommés par le ministre. Leurs fonctions sont analogues à celles du directeur sauf qu'elles sont
restreintes à leur arrondissement au lieu de l'être au département ; 3° de contrôleurs nommés par le directeur général. On
distingue les contrôleurs ambulants, à pied ou à cheval, qui
inspectent le service dans la circonscription qui leur est assignée,
et les contrôleurs de comptabilité qui surveillent tous les comptables du département en contrôlant les écritures au moyen
d'appels avec les différents registres de perception ; 4° de receveurs principaux, nommés par le ministre, qui centralisent et
vérifient les recettes de tous les comptables de leur arrondissement. Leur travail est surtout un travail d'écritures et de comptabilité. Ils remplissent au chef-lieu les fonctions de receveur
particulier ; 5° de receveurs particuliers sédentaires qui reçoivent
les droits de détail ; 6° de receveurs ambulants et de commis à
pied et à cheval, qui sont chargés du recouvrement des droits
dans les communes rurales ; 7° de receveurs buralistes qui
reçoivent les déclarations et les droits qui se paient au comptant ;
8° des entreposeurs de tabacs et poudres qui approvisionnent les
débitants. Tous ces agents sont soumis à un cautionnement soit
fixe soit proportionné à la classe des emplois à partir du grade
de commis principal inclusivement.

Les attributions de l'administration des contributions indirectes se bornaient avant 1871 au recouvrement des droits ;
1° sur les boissons, 2° sur les cartes à jouer, 3° sur le sel, 4° sur
le sucre indigène, 5° sur les voitures publiques, 6° de navigation,
7° de garantie sur les matières d'or et d'argent, 8° de passage
d'eau, 9° sur la vente des poudres et salpêtres, 10° sur la vente
des tabacs. Depuis 1871 le législateur a ajouté à cette liste les
impôts : 11° sur les allumettes, 12° sur le papier, 13° sur la
chicorée et ses similaires, 14° sur l'huile de schiste, 15° sur les

huiles végétales, 16° sur les vinaigres et l'acide acétique, 17° sur les savons, 18° sur l'acide stéarique, les bougies et cierges, 19° sur les transports à petite vitesse par chemin de fer, 20° sur la poudre dynamite et la nitroglycérine.

2° *Administration des Douanes*. — Pendant longtemps (de 1851 à 1869) l'administration des douanes a été réunie à la direction des contributions indirectes. Le rapport du ministre des finances sur le décret du 27 décembre 1851, qui instituait la direction générale des douanes et des contributions indirectes, exposait ainsi les motifs de cette réunion de deux administrations en une seule : « Toutes deux concourent à la perception de l'impôt indirect et ce but commun établit nécessairement entre elles un lien et une solidarité ; souvent leur action s'exerce sur la même matière. C'est la douane qui perçoit les droits sur les sucres coloniaux et étrangers, et sur la plus grande partie des sels ; c'est la régie des contributions indirectes qui perçoit l'impôt sur les sucres indigènes et sur les sels fabriqués hors du rayon des douanes. Non-seulement leurs attributions les rapprochent, mais leurs moyens d'action, leurs procédés, le mode de perception qu'elles emploient, soit pour la constatation des produits, soit pour la surveillance de la fraude, présentent sur un grand nombre de points beaucoup de similitude (1). »

Malgré ces raisons, un décret du 19 mars 1869 est venu séparer de nouveau le service des contributions indirectes et celui des douanes : ils forment aujourd'hui deux administrations distinctes.

Comme l'administration des contributions indirectes, l'administration des douanes se compose d'une administration centrale et d'une administration locale. L'administration centrale est organisée de la même façon que l'administration centrale des contributions indirectes. L'administration locale est seule soumise à des règles spéciales. Elle se divise en deux branches distinctes : le service sédentaire et le service actif. Le service sédentaire liquide, perçoit et encaisse les droits ; il se compose : 1° d'un

(1) *Moniteur* du 28 déc. 1851.

directeur divisionnaire, placé comme intermédiaire entre l'Etat dont il fait observer les ordres et les agents des services actif et sédentaire qu'il dirige et surveille. Il y a trente-deux directions de douane, échelonnées sur les côtes et sur les frontières : quelques-unes sont placées dans certaines villes importantes de l'intérieur ; 2° d'inspecteurs et de sous-inspecteurs qui ont pour mission d'assister le directeur divisionnaire ; 3° d'un receveur principal dans chaque circonscription désignée par l'administration. Le receveur principal a sous ses ordres des employés adjoints, sous le titre de contrôleurs ou commis principaux, de vérificateurs ou de visiteurs, de commis de première ou de deuxième classe. Sa fonction est double. Comme simple receveur il a une circonscription où il perçoit directement sur les contribuables les droits constatés ; comme receveur principal il a une circonscription plus étendue, comprenant plusieurs bureaux de recette dont il vérifie la comptabilité et centralise les opérations ; 4° de receveurs particuliers chargés de la perception des droits dans leurs sections respectives. Ils sont sous la surveillance des inspecteurs et doivent verser leur recette dans la caisse du receveur principal ; 5° de contrôleurs chargés de l'quider les droits et de vérificateurs affectés à la vérification matérielle des marchandises.

Le service actif se compose de brigades ayant des capitaines, lieutenants, brigadiers, sous-brigadiers et préposés. Il y a aussi une marine de douanes composée de capitaines, lieutenants, patrons, sous-patrons, matelots et mousses. Tous ces agents sont organisés militairement. La mission du service actif est de prévenir, d'arrêter et de constater la fraude.

Tous les employés des douanes doivent prêter serment devant le tribunal civil. Ils sont astreints à porter un uniforme déterminé par les règlements ; ils ne peuvent se livrer soit par eux-mêmes soit par leurs femmes à quelque genre de commerce que ce soit. Les directeurs, inspecteurs et sous-inspecteurs sont assujettis à un cautionnement fixe ; les receveurs principaux et particuliers doivent fournir un cautionnement proportionné à l'importance des recettes.

3º *Administration de l'enregistrement.* — L'administration de l'enregistrement comme la régie des douanes et comme la régie des contributions indirectes comprend un service central et un service local.

Le service central se compose également d'un directeur général, président du Conseil d'administration, de quatre administrateurs, membres de ce Conseil, de chefs de bureau, de sous-chefs et commis de tous grades. Le directeur, assisté des administrateurs, dirige et surveille, sous les ordres du ministre, toutes les opérations relatives à la perception. Le Conseil d'administration statue sur les objets déterminés par l'art. 5 de l'ordonnance de 1821 et en particulier sur les questions douteuses dans tous les cas d'application des lois, ordonnances et règlements.

Le service local comprend, par département, un directeur, chef de service, un inspecteur, plusieurs vérificateurs, un premier commis de direction, un garde magasin contrôleur du timbre, des receveurs suivant les besoins, enfin un conservateur des hypothèques par arrondissement. La dénomination de ces différents employés fait suffisamment connaître la nature de leurs fonctions. Tous ces agents sont assujettis à un cautionnement.

2º SYSTÈME DE LA MISE A FERME. — Le système de la mise à ferme n'est guère resté en usage que pour les péages et les octrois. Je remets à un paragraphe spécial l'étude des octrois.

Les péages se divisent en trois grandes catégories : 1º les droits de navigation; 2º les péages sur les bacs et passages d'eau; 3º les péages sur les ponts. Ils offrent une grande disparité dans leur mode de perception.

Les droits de navigation sur les fleuves et les rivières sont perçus directement par les employés des contributions indirectes pour le compte de l'État. A cet effet des bureaux de navigation où doit avoir lieu la perception des droits sont établis dans des endroits déterminés par le ministre des finances. La recette appartient à la régie des contributions indirectes qui peut dans des cas strictement déterminés, consentir des abonnements payables d'avance par mois ou par voyage.

En ce qui concerne les droits de navigation sur les canaux et rivières canalisées, il faut distinguer suivant que les canaux ont été construits aux frais des particuliers, en vertu de concessions légales, ou s'ils l'ont été aux frais de l'État. Dans le premier cas, comme les canaux sont administrés par les compagnies concessionnaires, les droits de navigation établis par l'acte de concession, sont perçus par ces compagnies à leur profit. Dans le second cas la perception des droits de navigation appartient à l'État par l'intermédiaire des employés des contributions indirectes. Les canaux concédés sont encore en assez grand nombre, quoique les entraves suscitées au commerce par la différence de tarifs existant entre chaque compagnie, aient déterminé l'État à en racheter plusieurs. De ceux qui restent, les uns ont été concédés à perpétuité; les autres, et c'est le plus grand nombre, ont été concédés temporairement; leur concession expire dans des temps plus ou moins prochains : le terme le plus lointain est l'année 1957, terme de la concession du canal latéral à la Garonne au chemin de fer du midi.

Les péages sur les bacs et bateaux servant au passage des fleuves et rivières sont affermés d'après les formes prescrites pour la location des domaines nationaux (1). L'adjudication a lieu aux enchères publiques, en présence soit du préfet, soit du sous-préfet, soit du maire suivant l'importance du bac. Le bail est consenti pour trois, six ou neuf ans ; il n'est plus besoin de le soumettre à l'approbation du ministre des finances (2). Les conditions de l'adjudication sont déterminées par le cahier des charges. Au nombre de ces conditions figurent l'obligation de fournir un cautionnement dans les 24 heures de l'adjudication, de verser le prix du bail par trimestre et d'avance dans la caisse du receveur des contributions indirectes, de payer la contribution foncière et autres charges publiques auxquelles les bacs sont assujettis si une clause du bail les met à la charge du fermier. En l'absence d'une clause de ce genre, c'est l'État propriétaire

---

(1) Loi 6 frim. an VII.— Arrêté 8 flor. an XII. Conseil d'État 5 avril 1851. — D. P. 51, 3, 34.

(2) Décret du 13 avril 1861, art. 3.

du bac qui doit la contribution foncière (3). Les tarifs qui fix en les droits à percevoir sont mentionnés dans le cahier des charges.

Les péagers agissent sous la surveillance du préfet du département, auquel appartiennent les opérations relatives à l'administration, à la police et à la perception des droits de passage sur les fleuves, rivières et canaux.

Parmi les ponts à péage les uns appartiennent aux particuliers, les autres à l'État. Ceux qui appartiennent aux particuliers sont ceux qui ont été construits aux frais de ces derniers en vertu de la loi du 14 floréal an X, art. 11, titre IV ; pour les couvrir de ces frais le gouvernement autorise les constructeurs de ponts à percevoir un droit de péage sur ceux qui en font usage ; il détermine la durée de leur jouissance, (ordinairement dix années), au bout de laquelle les ponts sont réunis au domaine public ; il fixe le tarif de la taxe à percevoir. Une grande partie des ponts dont la construction avait été suscitée par la loi du 14 floréal an X est aujourd'hui affranchie de tout droit ; la durée de concession des uns est expirée, d'autres ont été rachetés par l'Etat avant l'expiration de cette durée.

Les péages qui existent sur les ponts non concédés appartenant à l'État sont soumis à deux modes de perception. Tantôt ils sont perçus directement par les employés des contributions indirectes ; tantôt, et c'est le cas le plus fréquent, ils sont mis en ferme. Les droits et obligations du fermier, analogues aux droits et obligations des adjudicataires de bacs, sont contenus dans le cahier des charges.

Système du monopole. — Le monopole est la troisième forme sous laquelle se présente la perception des contributions indirectes. Ce monopole est réservé tantôt à l'État, tantôt à des particuliers ou à des compagnies qui l'acquièrent moyennant finance : dans ce dernier cas le monopole se rapproche de la ferme dont il prend les caractères distinctifs. Les impôts qui se recouvrent sous forme de monopole sont l'impôt sur les cartes à

---

(3) Conseil d'État, 6 avril 1851. — D. P. 51, 6, 24.

jouer, l'impôt sur les poudres et salpêtres, l'impôt sur les tabacs, l'impôt sur les allumettes chimiques, l'impôt sur les postes et télégraphes.

En elle-même la fabrication des cartes à jouer n'est pas monopolisée : toute personne peut entreprendre cette industrie à la condition de se munir d'une licence et de se soumettre à l'exercice. L'État s'est seulement réservé un monopole qui consiste dans la fourniture des moules et du papier filigrané employés pour la fabrication des cartes à jouer. Au prix du papier s'ajoute un impôt dont le dernier tarif a été fixé par la loi du 1er septembre 1871. Les cartes dites au portrait étranger échappent à ce monopole ; elles ne paient qu'un droit de fabrication et les fabricants ne sont pas tenus d'employer le papier de la régie.

Le monopole des poudres et salpêtres s'explique autant par des raisons de sécurité publique que par des considérations fiscales. La fabrication appartenait autrefois à l'artillerie, et le ministre de la guerre livrait la poudre au prix de revient à l'administration des contributions indirectes qui la vendait au profit du Trésor. Un décret du 17 juin 1865 partagea la direction des poudres et salpêtres entre le ministère de la guerre et le ministère des finances : le service des poudres de guerre resta dans les attributions du ministre de la guerre ; le service des poudres de commerce fut commis à une administration spéciale, appelée direction des manufactures de l'État, sous l'autorité du ministre des finances. La vente de la poudre aux particuliers se faisait par les employés des contributions indirectes. Le décret du 13 novembre 1873 a aboli cette distinction en remettant toutes les poudreries dans le département de la guerre. La direction et la fabrication des poudres sont aujourd'hui confiées à un corps spécial d'ingénieurs se recrutant à l'École polytechnique, et placé sous l'autorité directe du ministre de la guerre ; les membres de ce corps spécial portent le nom d'ingénieurs des poudres et salpêtres. Quant à la vente des poudres de commerce, elle continue de s'opérer par des débitants munis d'une commission spéciale de la régie des contributions indirectes et surveillés par elle (1).

______

(1) Loi 28 avril 1816. — 23 juin 1841, art. 25.

Le monopole de la fabrication et de la vente du tabac au profit de l'État date du décret du 29 Décembre 1810. Ce monopole a toujours été maintenu depuis ; il entraîne comme conséquences : 1° la prohibition d'importer le tabac étranger, à moins que l'importation ne soit faite pour le compte de la régie (1) ; 2° la défense de cultiver le tabac à l'intérieur si ce n'est pour le compte de l'État ou pour l'exportation et avec l'autorisation du gouvernement (2) ; 3° la défense de fabriquer le tabac ailleurs que dans les manufactures de l'État. Ces manufactures sont au nombre de quatorze et chacune d'elles approvisionne un certain nombre d'entrepôts qui à leur tour alimentent les débits où la vente se fait aux consommateurs. Le prix auquel le tabac est livré aux débitants par l'entreposeur est fixé d'après un tarif : l'impôt consiste dans la différence entre ce prix de vente et le prix de revient ou en d'autres termes dans le produit net. Le prix auquel les débitants vendent le tabac aux consommateurs est également fixé par un tarif ; la différence entre le prix d'achat dans l'entrepôt et le prix de vente aux consommateurs constitue leur profit.

L'administration du monopole des tabacs se divise en deux parties distinctes. Tout ce qui concerne la partie d'art, c'est-à-dire la plantation et la culture des tabacs indigènes, leur fabrication dans les manufactures de l'État et l'achat des tabacs exotiques, est confiée à une administration spéciale. Cette administration spéciale était autrefois l'administration des tabacs qui formait une direction générale séparée ; aujourd'hui elle est une des branches de l'administration instituée par décret du 9 novembre 1865 sous le nom de Direction générale des manufactures de l'État et relevant du ministre des finances. Elle se compose d'une administration centrale et d'une administration locale : l'administration centrale comprend un directeur général, deux administrateurs, deux inspecteurs spéciaux et des chefs de bureau, sous-chefs et employés. L'administration locale se divise en service des manufactures et service de la culture et des magasins ; le service des manufactures se compose de directeurs,

---

(1) Loi 28 avril 1816, art. 173 — 7 juin 1820 — 2 juillet 1836.
(2) Loi 28 avril 1816, art. 180 et 202.

ingénieurs, experts, sous-ingénieurs, élèves-ingénieurs, contrôleurs, gardes-magasins et commis de différents grades. Celui de la culture et dès magasins comprend des directeurs, inspecteurs, entreposeurs, contrôleurs, commis et vérificateurs, La partie commerciale est restée dans les attributions de la régie des contributions indirectes: c'est elle qui par exemple est chargée de l'emmagasinement des tabacs fabriqués, de leur vente dans les entrepôts et dans les bureaux de débit, de la surveillance du personnel des entreposeurs et des débitants commissionnés par elle.

L'administration des postes se divise également en administration centrale et en administration départementale. L'administration centrale est sous la direction du sous-secrétaire d'État des finances, assisté d'un conseil d'administration (1). Ce conseil d'administration, composé de trois administrateurs délibère sur le budget de l'administration, la création et suppression d'emplois et d'établissements de poste, sur les pensions, révocations et destitutions des employés, etc. L'administration départementale comprend un directeur, des receveurs principaux, des receveurs, des contrôleurs, des commis principaux et des commis ordinaires, des distributeurs, des entreposeurs, des facteurs boitiers, des brigadiers facteurs, des facteurs chefs, des facteurs et maîtres de poste.

Les tarifs sont fixés par une loi.

Une organisation analogue existe pour les télégraphes, avec cette particularité remarquable que l'administration des lignes télégraphiques, au lieu d'être placée sous la surveillance du ministère des finances, relevait dernièrement encore pour des raisons de police générale du ministre de l'intérieur. Le décret du 27 Févr. 1878 a rattaché le service des télégraphes au ministère des finances sous la réserve des droits conférés au ministre de l'intérieur par les art. 3 et 4 de la loi du 29 Nov. 1850. La direction du service des télégraphes est confiée au sous-secrétaire d'État au ministère des finances.

Le monopole des allumettes chimiques, établi par la loi du 2 août 1872 offre ce caractère spécial qu'il peut être exploité non seulement par l'État mais encore par des particuliers Le

______

(1) Décret du 20 Mars 1878.

ministre des finances est en effet autorisé soit à faire exploiter directement par les administrations des manufactures de l'État et des contributions indirectes, soit à concéder, par voie d'adjudication publique ou à l'amiable, le monopole de la fabrication et de la vente des allumettes chimiques (1) : dans ce dernier cas les stipulations financières intervenues entre le ministre et la compagnie concessionnaire doivent être soumises à l'approbation des Chambres. Le ministre des finances a pris le second parti et le 12 octobre 1872 il a concédé à une compagnie le monopole des allumettes au prix de 16 millions. La compagnie concessionnaire a aujourd'hui seule le droit de fabriquer les allumettes chimiques et de les vendre aux consommateurs et aux intermédiaires. Le prix de vente est fixé par un tarif (2). Les agents présentés par la compagnie concessionnaire doivent être agréés et commissionnés par la régie des contributions indirectes. Ils sont assermentés et peuvent constater par des procès-verbaux qui font foi jusqu'à preuve contraire, les contraventions aux lois et règlements concernant le monopole.

Les lois du 28 janvier 1875 et du 28 juillet 1875 ont complété l'institution nouvelle et ainsi s'est définitivement établi un monopole de l'État exploité dans un intérêt privé, la pire de toutes les atteintes au principe de la liberté industrielle, dit avec raison M. Ducrocq (3).

L'État exerce encore certains monopoles, mais ces derniers, n'ayant pas été établis dans un intérêt fiscal, sont étrangers à l'organisation des contributions indirectes.

Bien que constituant des taxes municipales, les octrois sont avec raison rangés dans la catégorie des contributions indirectes dont elles ont la même nature et la même assiette, mais leur mode de perception et leur organisation administrative ont été conçus sur un plan tout différent. Il existe en effet quatre modes de perception des droits d'octroi entre lesquels le Conseil municipal peut choisir. Ce sont : 1° la régie simple ; 2° la régie inté-

---

(1) Art. 2, loi 2 août 1872.
(2) Lois 2 août 1872 — 15 mars 1873.
(3) Cours de droit administratif, t. II, p. 391.

ressée; 3° le bail à ferme; 4° l'abonnement avec la régie des contributions indirectes (1).

1° Régie simple. — Dans ce système l'octroi est perçu pour le compte et aux frais de la commune par ses préposés sous l'administration immédiate du maire (2). Les frais de perception et de premier établissement sont réglés par le Conseil municipal; ils doivent être communiqués à l'administration des contributions indirectes pour être par elle soumis à l'approbation du ministre des finances (3). Les recettes sont versées tous les cinq jours dans la caisse municipale et même plus souvent dans les villes où les perceptions sont importantes (4). Les employés et les simples préposés sont nommés par le sous-préfet sur la présentation du maire (5). Si le produit annuel de l'octroi s'élève à 20,000 fr. et au-dessus il peut être nommé un préposé en chef auquel est confiée la direction du service. Ce préposé est nommé par le ministre des finances sur la présentation du maire approuvée par le préfet (6).

2° Régie intéressée. — La régie intéressée est une combinaison qui consiste à traiter avec un adjudicataire qui s'engage à payer un prix fixe et une portion déterminée dans le produit au delà d'une certaine somme. Cette somme est déterminée par le prix de la ferme auquel on ajoute la somme allouée pour les frais de gestion (7). Le partage des bénéfices s'opère à la fin de chaque année mais il n'est que provisoire; à l'expiration du bail on fait le compte de la totalité des bénéfices et on établit une année moyenne d'après laquelle la répartition est définitivement arrêtée. Il est fait exception à cette règle quand la commune a stipulé que les comptes de la régie intéressée seraient réglés et soldés au bout d'un temps déterminé; en pareil cas le régisseur n'est

---

(1) Loi 28 avril 1816, art. 147.
(2) Décret 17 mai 1809, art. 102.
(3) Décret 17 mai 1809, — art. 103.
(4) Ord. 9 déc 1814, — art 67 et 97.
(5) Loi 28 avril 1816, — art. 156. — Décret 13 avril 1861, — art. 6.
(6) Loi 28 avril 1816, — art. 155. — Décret 25 mars 1852, — art. 5. — Avis du Conseil d'Etat, 24 janv. 1861. — Circulaire du ministre des finances du 7 mars 1861.
(7) Décret 17 mai 1809, — art 104.

pas recevable à demander qu'il soit établi une année moyenne des bénéfices pendant toute la durée de sa jouissance (1). Le prix promis par le régisseur se paie de mois en mois et d'avance (2). Les employés sont nommés par le sous-préfet non plus toutefois sur la présentation du maire mais sur la présentation du régisseur (3). Un préposé en chef peut encore être nommé dans les communes où le produit de l'octroi excède 20,000 fr.; ce préposé a pour mission spéciale de veiller à l'accomplissement des clauses de l'adjudication.

Les règles d'adjudication sont les mêmes que pour le bail à ferme.

3° Abonnement. — L'abonnement avec la régie des contributions indirectes consiste dans la perception par cette régie des produits de l'octroi, moyennant une somme déterminée pour le traitement des préposés. Tous les autres frais sont supportés intégralement par la commune. A cet effet la régie des contributions indirectes est autorisée à traiter de gré à gré avec les communes pour la perception de leurs octrois; les traités ne sont cependant définitifs qu'après avoir été approuvés par le ministre des finances (4). Le résultat de ces conventions est de remettre la perception et le service de l'octroi entre les mains des employés ordinaires des contributions indirectes. Cependant dans les villes où il serait nécessaire de conserver des préposés affectés spécialement au service de l'octroi, ces préposés devraient encore être nommés par les sous-préfets sur la proposition des maires, après avoir pris l'avis du directeur local des contributions indirectes. Les maires conservent leur droit de surveillance sur les préposés au point de vue spécial de l'octroi et celui de transiger dans les cas déterminés par l'ordonnance du 9 décembre 1814 (art. 95 et 96) et par la loi du 28 avril 1816 (art. 158). Les recettes sont versées tous les cinq jours et même plus souvent, s'il y a lieu, dans la caisse municipale, déduction faite des frais de perception convenus par le traité (5).

(1) Ord. Cons. d'État 27 août 1823.
(2) Décret 17 mai 1809, — art. 123.
(3) Instruction du ministre des finances du 26 septembre 1809.
(4) Loi du 28 avril 1816, — art. 158.
(5) Ord. 9 déc. 1814, — art. 67 et 97.

Les traités convenus entre la commune et la régie subsistent de plein droit jusqu'à ce que la commune ou la régie en aient notifié la cessation. Cette notification doit toujours avoir lieu de part ou d'autre six mois au moins à l'avance.

2° BAIL A FERME. — La ferme est l'adjudication pure et simple des produits à percevoir moyennant un prix fixe. Si le produit est supérieur au prix payé et aux frais de gestion il y a bénéfice pour le fermier qui n'est pas tenu de le partager avec la commune, à la différence de ce qui a lieu dans la régie intéressée ; s'il est inférieur il y a perte et le fermier la supporte.

Le prix de la ferme est déterminé par des enchères publiques, à l'extinction des bougies, au plus offrant et dernier enchérisseur. Certaines personnes ne peuvent se rendre adjudicataires ni même s'associer à l'adjudicataire : ce sont les personnes attachées à l'administration des contributions indirectes, aux administrations civiles ou aux tribunaux, ayant une surveillance ou une juridiction quelconque sur l'octroi (1). La surenchère est admise à la condition qu'elle soit déposée dans les 24 heures et que le surenchérisseur prenne l'engagement de faire porter le prix à un douzième en sus de la première adjudication.

L'adjudication n'est définitive et l'adjudicataire n'est mis en possession qu'après l'approbation du ministre des finances. Cette approbation n'est pas un simple visa, obligatoire pour le ministre; elle est purement facultative en ce sens que le ministre peut la refuser s'il croit l'adjudication contraire aux intérêts de la cité (2); le refus du ministre ne peut être déféré au Conseil d'Etat par la voie contentieuse (3).

Les conditions de l'adjudication sont contenues dans un cahier des charges. Il existe à cet effet un modèle de cahier auquel les communes doivent se conformer. Ce modèle est essentiellement fondé sur ce principe que l'adjudicataire d'un octroi étant substitué à tous les droits de la commune accepte aussi les

(1) Décret 17 mai 1809, — art 127.
(2) Conseil d'Etat 16 janv 1828.
(3) Même arrêt.

obligations qu'elle aurait elle-même à remplir envers l'État et envers les contribuables si elle n'affermait pas. La publicité, la liberté des enchères sur une mise à prix soigneusement déterminée ; le versement exact du prix du bail aux époques et de la manière indiquée ; le fidèle enregistrement des recettes de toute nature et la régularité des registres ; la ponctuelle exécution des tarifs et des règlements légalement approuvés ; la garantie du versement de dix pour cent ; l'entière efficacité du contrôle à exercer par les agents supérieurs des contributions indirectes, la portion d'influence et d'attribution que l'adjudicataire, la commune et le trésor doivent avoir selon les divers cas dans le jugement et la répartition des amendes ou dans la transaction qui y supplée ; l'interdiction absolue de tout compte de clerc à maître, de toute réclamation d'indemnité ou d'abandon du bail, hors les cas formellement prévus ; l'interdiction de toute cession partielle du bail, de tout abonnement secret, de toute remise de droit ; les divers cas de résiliation forcée ou de résiliation à folle enchère ; les poursuites et peines applicables à la concussion, aux prévarications de toute espèce ; le droit général de surveillance attribué au maire dans l'intérêt de la commune et des contribuables sur la gestion du fermier ; les devoirs des employés de celui-ci ; le mode de juger les contestations incidentes sur le sens et l'exécution des clauses du bail, les frais imposés à l'adjudicataire et ses justes droits en cas de troubles fortuits dans sa jouissance ou de privation totale ou partielle des moyens de perception ; la production d'un cautionnement régulier ; les obligations de la caution et des associés : telles sont les stipulations invariables d'un cahier des charges, celles dont les communes ne sauraient être dispensées et auxquelles le ministre des finances serait forcé dans leur intérêt même de suppléer en cas d'omission (1).

Ces stipulations nous font connaître d'une façon sommaire quels sont les droits et obligations de l'adjudicataire. J'insisterai sur les plus importants au moment de l'entrée en gestion du fermier, pendant l'exercice de la ferme et après l'expiration du bail.

----

(1) Extrait de l'instruction du ministre des finances du 6 Nov. 1816.

Le preneur est tenu avant d'entrer en fonction de fournir un cautionnement dont le chiffre est fixé par le cahier des charges (1) Le cautionnement peut être fourni en argent, en rentes sur l'Etat ou en immeubles situés dans le département ou dans les départements limitrophes; une inscription hypothécaire doit dans ce cas être prise aux frais de l'adjudicataire à la requête du maire; il arrive quelquefois aussi que l'adjudicataire fournit une caution solidaire, Quant à la quotité du cautionnement, celui-ci doit au minimum être égal au quart du prix annuel de l'adjudication.

Jusqu'en 1852 l'adjudicataire, qui était le seul receveur de l'octroi reconnu officiellement, devait, en plus du cautionnement à fournir à la commune en vertu du cahier des charges, verser un second cautionnement au trésor au nom des préposés comptables, astreints par la loi du 28 Avril 1816 à fournir un cautionnement fixé au vingt-cinquième brut de la recette présumée. Une circulaire de la régie des contributions indirectes en date du 29 Octobre 1852 a décidé que le cautionnement à verser au trésor par l'adjudicataire serait exigible seulement quand la commune serait assujettie au droit d'entrée et à la taxe unique.

Le cautionnement fourni, l'adjudicataire commence ses fonctions effectives. Toutefois sa mise en possession est censée avoir commencé, si le cahier des charges fixe le point de départ du bail, à partir du délai indiqué; en conséquence l'adjudicataire est obligé de recevoir de la ville le compte de clerc à maître depuis l'époque convenue jusqu'à la mise en possession effective (2). S'il n'y a pas d'époque déterminée par le cahier des charges pour l'entrée en jouissance, celle-ci doit commencer au moment de l'approbation ministérielle. Si le fermier ne prend pas possession, il doit être mis en demeure et, si la mise en demeure reste sans effet, il y a lieu de se pourvoir par l'annulation de l'adjudication à la folle enchère du fermier.

Dans l'exercice de la ferme, l'adjudicataire est obligé de se conformer aux lois et règlements concernant les octrois. Il ne peut par lui-même effectuer aucune perception à moins que,

---

(1) Décret 17 Mai 1809. — Art. 121.
(2) Conseil d'Etat, 22 Juin 1825.

si des circonstances particulières l'exigent, il n'ait une commission spéciale délivrée par le préfet sur l'avis du maire. La perception se fait par les employés ordinaires d'octroi, dont la nomination continue d'appartenir au sous-préfet; le droit de présentation seul est accordé à l'adjudicataire. Si le produit de l'octroi s'élève à vingt mille francs, il peut être nommé un préposé en chef, chargé de veiller à l'accomplissement des clauses de l'adjudication.

Le prix du bail est payable d'avance par douzième de mois en mois; en cas de retard le fermier peut être poursuivi par les voies de droit (1). Comme garantie de ce paiement la commune ne pourrait toutefois revendiquer à son profit sur tous les biens de l'adjudicataire l'hypothèque légale de l'art. 2.121 du code civil. Cet article ne donne ce privilège aux communes que sur les biens des receveurs et administrateurs comptables. Or on ne peut considérer comme receveur-comptable un adjudicataire dont les fonctions, les droits et les obligations sont tout différents. Tandis que le receveur d'une commune n'est que le dépositaire des deniers publics dont il a la gestion et qu'il en doit compte de clerc à maître, le fermier au contraire qui, par la nature de son contrat, fait les fruits siens, n'est que le débiteur du prix stipulé par son bail. Et si l'art. 2,121 soumet les biens des receveurs-comptables à une hypothèque légale, c'est que ces individus sont appelés à administrer les biens de la commune par un mandat dérivant de la loi et indépendant par conséquent de la volonté de la commune elle-même; or le fermier n'est nullement un mandataire forcé pour celui qui l'emploie; il ne devient mandataire de la commune qu'en acceptant les clauses et conditions qu'elle-même a stipulées dans le cahier des charges; il n'est par conséquent assujetti qu'aux conditions mutuellement convenues et ne peut jamais être passible que d'une hypothèque conventionnelle ou judiciaire et non d'une hypothèque légale (2)

En cas de non paiement du prix, la commune pourrait aussi après la sommation ou le commandement d'usage, provoquer

(1) Décret de 1809. — Art. 128.
(2) C. de Pau, 25 Juin 1816.

une nouvelle adjudication à la folle enchère pour inexécution des clauses du cahier des charges.

L'adjudicataire ne peut céder son bail, en tout ou en partie, sans le consentement exprès de l'autorité locale approuvé par le ministre des finances. Il ne peut en aucun cas accorder aux contribuables des remises de droits ou des abonnements; il a seulement la faculté de leur laisser des facilités de paiement; il agit alors à ses risques et périls, mais la résiliation du bail ne met pas obstacle au recouvrement des droits dus antérieurement (2). Il doit donner communication de tous les procès-verbaux de contravention et il ne peut transiger avec les contrevenants qu'à la condition d'y être autorisé par le maire.

A côté des obligations du fermier il est utile de mettre en parallèle les obligations de la commune. Comme le contrat d'adjudication est un contrat synallagmatique engendrant des obligations réciproques, la commune est tenue de faire jouir le fermier de toutes les perceptions auxquelles il a droit d'après le cahier des charges. Des raisons d'intérêt public ont toutefois motivé sur ce point certaines dérogations aux principes du droit commun. Il importe en effet que la commune ait toujours la possibilité de modifier ses tarifs. Si elle les réduit, le fermier aurait pu, en invoquant les principes du droit commun, demander la résiliation du contrat; le décret de 1809 (art. 128) lui a retiré cette faculté: il ne peut que réclamer une réduction du prix du bail, proportionnelle à la diminution de recette qu'on présume être la suite du changement de tarif. Si le tarif est augmenté, la commune traite avec l'adjudicataire pour que le prix du bail soit augmenté en raison de l'aggravation des droits; l'adjudicataire peut aussi compter de clerc à maître de l'augmentation des taxes; il lui est alors alloué, s'il y a lieu, pour frais extraordinaires de perception une remise déterminée par le ministre des finances sur la proposition de l'autorité locale et du préfet. Toute autre modification apportée au cahier des charges et susceptible de porter préjudice au fermier donne lieu à une indemnité. Si l'indemnité a pour cause un retard mis à l'entrée du fermier en

_________________

(2) Conseil d'Etat, 10 Févr. 1816.

jouissance, elle doit fixée d'après les registres de la perception
et à défaut de ces registres, d'après le taux moyen des recettes
que le fermier justifie avoir faites pendant le trimestre de chacune
des années durant lesquelles il a joui du bail correspondant à
celui pendant lequel il n'a pas géré; on doit bien entendu avoir
égard aux modifications de tarifs (1). Si l'indemnité est due pour
interruption dans la perception des droits, il faut prendre pour
base de l'indemnité la différence entre les recettes moyennes
dans la même période de temps avant et après l'interruption, en
tenant compte des accidents locaux qui auraient pu diminuer
ces produits (2). Si par suite de la suppression de l'octroi il y
avait lieu à résilier le bail, l'indemnité d'après l'article 31 du
cahier modèle est du douzième du prix annuel du bail si le rési-
liement s'opère dans la première année, du dix-huitième dans la
seconde et du trente-sixième dans la troisième. Dans ces différents cas toute réclamation du fermier serait rejetée si une clause
du cahier des charges stipulait qu'aucune indemnité ne lui serait
due. Comme dans le droit commun, l'effet d'une pareille clause
est limitée aux évènements que l'adjudicataire a pu prévoir, il
ne faudrait pas l'étendre aux cas fortuits que l'adjudicataire n'a
pu prévoir à moins que la clause n'ait spécifié la non-indemnité
pour tous évènements prévus et imprévus (3).

Si la résiliation du bail a lieu sur la demande du fermier, le ministre des finances a le droit d'en fixer les conditions (4).

Lorsque l'adjudicataire manque à une des clauses du contrat,
la commune peut, après une sommation ou un commandement,
provoquer une nouvelle adjudication à la folle enchère (5). Le
Conseil d'État exige toutefois, avant de procéder à cette nouvelle
adjudication, que le défaut d'exécution ait été constaté par un
jugement ou une décision de l'autorité compétente, c'est-à-dire

---

(1) Cons. d'État 20 juin 1816.
(2) Cons d'État 22 juin 1836.
(3) Cons. d'État, arrêt 27 nov. 1835.
(4) Cons. d'État — 21 févr. 1814.
(5) Décret 17 mai 1809, — art. 181.

du conseil de préfecture (1). En attendant que le nouvel adjudicataire soit mis en possession, le maire peut commettre aux risques et périls de l'ancien, une ou plusieurs personnes qui se chargent de la perception provisoire (2).

Après l'expiration du bail, le fermier doit remettre à son successeur le mobilier dans l'état où il l'a reçu. Si ce mobilier a subi des détériorations le fermier sera tenu de payer une indemnité; s'il a été augmenté on devra lui tenir compte de la plus-value qu'il lui a donnée, d'après un rapport d'experts nommés par les parties (3).

Jusqu'en 1819 quelques droits d'octroi se percevaient sous une forme particulière, sous la forme d'un abonnement. D'indirecte la taxe devenait une véritable contribution directe, car elle se percevait directement sur le contribuable à l'aide d'un rôle de répartition et en raison de sa consommation présumée. L'ordonnance du 3 juin 1818 a supprimé ce genre d'octroi. Seuls les bouchers dans quelques villes ont conservé la faculté de se rédimer au moyen d'une somme fixe payable annuellement du droit qu'ils auraient à payer à mesure des introductions de bestiaux dans la ville. Les abonnements qu'ils font dans ce but avec l'administration doivent être approuvés par le ministre des finances (4).

L'octroi de Paris est soumis à des règles particulières (5). Il est aujourd'hui régi par l'ordonnance du 22 juillet 1831 d'après laquelle un directeur et trois régisseurs sont chargés de son administration, sous l'autorité immédiate du préfet de la Seine et sous la surveillance du directeur général des contributions indirectes.

(1) Cons. d'État — 9 juin 1820. — 26 août 1855. — D. P. 58, 3, 37.
(2) Cah. des charges art. 42.
(3) Cons. d'État, 8 sept. 1819.
(4) Circ. min. fin. 10 sept. 1918. — Décis 8 juill. 1814.
(5) Loi 28 avril 1816, art. 155.

# CHAPITRE III.

## MOYENS DE RECOUVREMENT DES CONTRIBUTIONS INDIRECTES.

La loi a établi pour les contributions indirectes deux moyens de recouvrement : le premier est une voie d'exécution spéciale, la contrainte administrative ; le second est la garantie du premier, il consiste dans un privilége. Nous parlerons successivement de la contrainte et du privilége.

De la contrainte administrative. — Lorsque les redevables ne paient pas les droits dus à la régie, celle-ci peut, après leur avoir envoyé un avertissement sans frais, décerner contre eux des contraintes ayant force exécutoire (1). Elle n'a pas besoin de faire reconnaître auparavant son droit en justice parce qu'une présomption de vérité s'attache à la créance qu'elle réclame. Ces contraintes sont décernées par le directeur ou le receveur de la régie ; elles sont visées et déclarées exécutoires par le juge de paix du canton où se trouve le bureau de perception ; le juge de paix ne peut refuser de donner son visa. Le visa est donné par le juge de paix et non plus par le sous-préfet comme en matière de recouvrement des contributions directes, parce que l'autorité judiciaire, étant compétente sur les questions de recouvre-

_________________________

(1) Décret 1<sup>er</sup> germinal an XIII. — Loi 28 avril 1816.

ment des contributions indirectes, il était rationnel de lui attribuer la délivrance des exécutoires destinés à en assurer la rentrée. On sait au contraire que l'autorité administrative est appelée à connaitre des difficultés qui s'élèvent sur le recouvrement des contributions directes.

La contrainte est notifiée par les préposés de la régie (1) ou par huissier dans les formes ordinaires. Elle est exécutoire nonobstant opposition et sans y préjudicier ; l'article 239 de la loi du 28 avril 1816 a aboli sur ce point l'article 45 du décret du 1er germinal an XIII, qui permettait au redevable de suspendre par une opposition l'exécution de la contrainte. Le tribunal devant lequel est portée l'opposition ne peut donc prononcer de sursis à la contrainte décernée par la régie (2) ; il ne lui est permis que de statuer sur l'opposition, et il doit le faire à l'audience même et non par simple ordonnance de référé (3). Quant à l'opposition en elle-même, elle n'est recevable que si elle est motivée et contient assignation devant le tribunal civil de l'arrondissement à un délai qui ne peut excéder huit jours ; élection de domicile doit être faite par l'opposant dans la commune où siége le tribunal.

Les effets de la contrainte décernée par la régie sont les mêmes que les effets d'un jugement émané de l'autorité judiciaire. L'avis du Conseil d'Etat du 23 thermidor an XII a en effet assimilé les contraintes aux jugements en assimilant les administrateurs qui les décernent à de véritables juges : « les administrateurs, dit cet avis, auxquels les lois ont attribué pour les matières qui y sont désignées le droit de prononcer des condamnations et de prononcer des contraintes, sont de véritables juges dont les actes doivent produire les mêmes effets et obtenir la même exécution que ceux des tribunaux ordinaires.» Il résulte de cet avis que la contrainte a la force réservée aux actes judiciaires et qu'elle donne à l'administration le pouvoir de poursuivre le recouvrement de sa créance par toutes les voies de droit ; elle lui donne en particulier la faculté de faire la saisie

(1) Decret 1er germinal an XIII.
(2) Cass., 6 août 1817.
(3) Même arrêt.

12

des meubles, ou la saisie brandon, ou la saisie arrêt, et de prendre hypothèque sur les immeubles du débiteur.

On a voulu cependant distinguer à cet égard deux espèces de contraintes : les unes qui auraient tous les caractères d'un jugement et en produiraient les effets, conformément à l'avis du Conseil d'Etat du 25 thermidor an XII ; ces contraintes seraient celles décernées par des administrateurs agissant en qualité de juges ; les autres qui n'auraient d'autre effet que de dispenser l'administration de demander un titre aux tribunaux : celles-ci seraient les actes administratifs qui sans rien décider par eux-mêmes quant au fond du droit ne tendent qu'à l'exécution forcée de la demande dirigée contre les débiteurs. En un mot dans cette opinion, l'avis du Conseil d'Etat de l'an XII ne s'appliquerait qu'aux jugements administratifs : il en résulterait que la régie des contributions indirectes n'étant pas compétente pour rendre un jugement administratif, les contraintes décernées par elle ne conféreraient jamais l'hypothèque judiciaire sur les immeubles des redevables (1).

Je crois que cette opinion est en contradiction flagrante avec le texte même de l'avis de l'an XII. Après avoir dit en effet que les administrateurs sont de véritables juges quand ils décernent des contraintes, le Conseil d'État déclare qu'il est d'avis « que les condamnations et les contraintes émanées des administrateurs, dans les cas et pour les matières de leur compétence, emportent hypothèque de la même manière et aux mêmes conditions que celle de l'autorité judiciaire. » Or les directeurs et receveurs des douanes (2), ceux de l'administration des contributions indirectes (3), ceux de l'administration de l'enregistrement (4), ne sont-ils pas des administrateurs ayant le droit de décerner des contraintes ?

Quoique la contrainte soit le mode normal de recouvrement des contributions indirectes, ceux qui sont chargés de ce recouvrement ne peuvent en faire usage que si un texte de loi leur donne cette faculté. Il ne faut pas oublier en effet que la con-

---

(1) Favard. Répert. V• exécution des jugements.— Cass. 28 janv. 1828.
(2) Loi 6-22 août 1791. — Loi 4 fructidor an III.
(3) Loi 1" germinal an XIII.
(4) Loi 19 août. — 12 septembre 1791, art. 4.

trainte constitue une dérogation aux principes du droit commun relatifs aux voies d'exécution, et qu'à ce titre son emploi ne se justifie que s'il y a un texte formel. Ce texte existe en faveur de la régie des contributions indirectes, en faveur de la régie des douanes, en faveur de l'administration de l'enregistrement, en faveur de l'administration des postes (1), pour le recouvrement des droits dont elles sont chargées. Les receveurs chargés de la perception de l'octroi peuvent aussi dans certains cas déterminés décerner contre les redevables des contraintes qui du reste sont soumises à quelques règles particulières (2). Dans les cas où la perception des droits est affermée, les fermiers, en l'absence de tout texte, ne jouissent pas du droit de décerner des contraintes contre les redevables : ils sont obligés de recourir aux voies ordinaires d'exécution.

PRIVILÉGE ASSURANT LE RECOUVREMENT DES CONTRIBUTIONS INDIRECTES. — Ce privilége a été établi par le décret du 1er germinal an XIII, dont le maintien primitivement contesté a été consacré par la Cour de cassation dans le dernier état de sa jurisprudence (3). Ce privilége porte sur les meubles et effets mobiliers du redevable ; il atteint les cautions des redevables comme les redevables eux-mêmes, car la généralité de l'expression redevables qu'emploie l'article 47 du décret du 1er germinal an XIII comprend tous ceux qui, à quelque titre que ce soit, se trouvent débiteurs de droits envers la régie.

Le privilège de la régie des contributions indirectes, à la diffé-rence du privilège du locateur, ne confère aucun droit de suite. J'en tire deux conséquences principales : 1° le privilège ne peut valablement s'exercer qu'autant que les meubles se trouvent entre les mains du redevable ; il ne saurait nuire à la vente qui en aurait été consentie à autrui de bonne foi avant toute saisie (4). La concession d'un privilège à la régie ne peut en effet porter atteinte au droit de propriété. Même une contrainte décernée par

---

(1) Loi du 20 mai 1854, art. 2. — Loi du 25 juin 1856, art. 8.
(2) Circ. 18 juillet 1812. — Ord. 9 décembre 1814.
(3) Cass. 11 mars 1835, 28 août 1837, 18 fév. 1840, 26 janv. 1852.
(4) Nîmes, 9 juill. 1832.

la régie serait impuissante à frapper d'indisponibilité entre les mains du propriétaire les meubles qui lui appartiennent, car il n'existe aucune loi qui interdise au redevable de disposer de son mobilier même après une contrainte décernée contre lui, tant que ce mobilier n'a pas été mis sous la main de la justice par une saisie exercée à son préjudice (1). 2° Les meubles, détenus par le redevable, peuvent être revendiqués par les tiers, quand ces tiers prouvent leur droit de propriété par acte ayant date certaine antérieure à la saisie faite de ces meubles par la régie (2).

On peut considérer comme faisant partie du mobilier, sur lequel le privilège de la régie peut s'exercer, le reliquat du prix d'une vente antérieure à la faillite du redevable après le prélèvement des créances hypothécaires (3). Les créances en général et par conséquent le prix non soldé de la vente d'un immeuble comme le prix encaissé sont placés par les articles 529 et 535 du code civil parmi les biens meubles. Au contraire le privilège de la régie ne doit pas être étendu au prix des immeubles d'un redevable vendus par suite de sa faillite, alors même que ces immeubles n'auraient été grevés d'aucune hypothèque au moment de la vente (4). Les privilèges sont de droit étroit, et comme la faillite fixe irrévocablement les droits des créanciers, la réalisation des biens meubles et immeubles du failli ne peut changer les droits que ces créanciers avaient acquis avant la faillite sur chacun de ces biens et donner au créancier privilégié sur les meubles un droit de préférence sur la somme qui provient de la vente des immeubles.

Pour déterminer le rang du privilège appartenant à la régie des contributions indirectes, il faut distinguer suivant que ce privilège se trouve en concours avec les privilèges des articles 2101 et 2102 du code civil ou avec le privilège de la régie des contributions directes.

Vis-à-vis des privilèges des art. 2101 et 2102 C. civ. le privilège de la régie les prime tous à l'exception du privilège des

---

(1) Cass., 18 mai 1819. — S. V. 20, 1, 94.
(2) Cass. 9 déc. 1844. — S. V. 45, 1, 29.
(3) Cass. 12 juill. 1854. — S. V. 54, 1, 569.
(4) Douai 22 juill. 1851. — S. V. 52, 2, 684.

frais de justice et du privilège du bailleur à raison de ce qui lui est dû pour six mois de loyer seulement. Par ces derniers mots on doit entendre les loyers dus actuellement et abstraction faite de ceux que le locataire aurait payés par anticipation à son entrée en jouissance (1).

On a prétendu que l'art. 47 du décret du 1er germinal an XIII avait été aboli par la loi du 5 septembre 1807. Cette loi porte, il est vrai, que le privilège du Trésor ne s'exerce qu'après les privilèges généraux et particuliers énoncés aux articles 2101 et 2102 C. civ. Mais comme cette loi n'est relative qu'aux droits du Trésor sur les biens des comptables, l'art. 47 du décret de l'an XIII n'a été abrogé qu'en ce qui touche les comptables et non en ce qui touche les redevables (2).

Si le propriétaire qui prime déjà la régie pour six mois de loyer, réclamait encore un privilège pour frais de justice, il ne pourrait primer la régie quant aux frais faits par lui que pour ceux de ces frais ayant eu pour but de mettre sous la main de justice le gage commun des créanciers et en opérer la distribution, mais non pour ceux ayant eu pour objet de faire reconnaître et conserver son droit. L'art. 47 de la loi de germinal an XIII en limitant le privilège du locateur a agi dans un esprit éminemment restrictif qui ne permet pas de l'étendre aux accessoires de la créance.

Quant au privilège de l'administration des contributions directes, il prime complètement celui de la régie des contributions indirectes (3). Il en est de même du privilège pour droits et amendes en matière de timbre, que la loi de 1816 assimile au précédent. Il arrive dans ce dernier cas que l'administration de l'enregistrement prime l'administration des contributions indirectes proprement dite, bien que ces deux administrations relèvent de la même direction.

Les dispositions spéciales qui régissent le privilège attaché au recouvrement des contributions indirectes, dérogent au droit

---

(1) Cass. 18 févr. 1840. — D. 40, 1, 99. — 28 janv. 1852. D, 52, 1, 54.
(2) Cass. 11 mars 1835. — S. V. 1835, 1, 270.
(3) Loi du 12 nov. 1808.

commun (1). Ainsi en cas de faillite du redevable, l'administration est dispensée des formalités ordinaires de production et de vérification. Comme elle a le droit de poursuivre les redevables par voie de contrainte, sauf opposition devant le tribunal civil, l'état de faillite ne peut modifier son droit à cet égard, la forcer à faire vérifier sa créance par le commissaire de la faillite, et à la discuter devant le tribunal de commerce, et entraver ainsi la perception des deniers publics en la soumettant aux formalités et aux lenteurs de la liquidation de la faillite. Aussi est-ce par voie de contrainte ou de saisie-arrêt que la régie exerce son privilège.

Je ferai pour le privilège attaché au recouvrement des contributions indirectes la même observation que pour la contrainte. Bien qu'étant en cette matière la règle normale, il constitue néanmoins une dérogation au droit commun et à ce titre doit être attribué par un texte formel à ceux qui perçoivent un impôt indirect, pour que ceux-ci puissent l'invoquer. Ce privilège appartient sans contredit à l'administration des contributions indirectes (2) et à celle des douanes (3); en cas de concours entre ces deux administrations le privilège de la régie des contributions indirectes l'emporte sur le privilège de la régie des douanes. On a prétendu que le privilège de la régie des douanes était conçu d'une façon différente que le privilège de la régie des contributions indirectes; ainsi on a voulu le restreindre aux seuls objets à raison desquels les droits étaient dus à la régie. Les termes de la loi sont absolument contraires à cette restriction, car l'art. 22 titre XIII de la loi du 22 août 1791 qui a institué le privilège des douanes reproduit textuellement la disposition du décret du 1er germinal an XIII.

Le même privilège appartient-il à la régie de l'enregistrement et du timbre, à l'administration des postes, à l'administration des tabacs, à l'administration des octrois ? Garantit-il encore le recouvrement des droits de péage, de bac et de navigation, et des droits affectés par l'effet d'un monopole à l'État ou à des particuliers ?

(1) Paris 29 nov. 1864. — S. V. 65. 2. 108.
(2) Décret du 1er germinal an XIII.
(3) Loi 22 août 1791.

L'administration de l'enregistrement jouit d'un privilége pour le recouvrement de certains droits ; elle le perd pour le recouvrement de certains autres. Elle n'a aucun privilége en ce qui concerne les droits d'enregistrement proprement dits, les droits de greffe et les droits d'hypothèques. Au contraire pour le recouvrement des droits de timbre et des amendes qui y sont relatives, la régie de l'enregistrement a un privilége général sur les meubles et effets mobiliers appartenant aux redevables. La loi de finances du 28 avril 1816 a assimilé ce privilége à celui qui appartient au trésor pour le recouvrement des contributions directes. Pour ce qui est des droits de mutation, la régie n'a qu'une action personnelle pour le recouvrement des droits résultant des actes entre-vifs. Au contraire pour le recouvrement des droits de mutation dûs par suite de décès, l'art. 32 de la loi du 22 frimaire an VII donne à la régie une action réelle sur les revenus des biens à déclarer. La cour de cassation avait d'abord décidé que cette action constituait un droit de suite opposable aux tiers acquéreurs (1), mais un avis du Conseil d'Etat du 21 septembre 1810 a autrement interprété l'art. 32 de la loi de frimaire an VII en décidant que cette action ne conférait pas à la régie un droit de suite opposable aux tiers acquéreurs. La cour de cassation a alors prétendu que si l'action de la régie ne constituait pas un droit de suite, elle constituait un droit de préférence. Elle se base sur cette idée que la loi de frimaire an VII, en attribuant à la régie de l'enregistrement une action spéciale sur les revenus des biens à déclarer, lui a par cela même reconnu un droit de préférence sur ces revenus (2). Beaucoup d'auteurs ont suivi cette opinion, consacrant ainsi au profit de la régie de l'enregistrement un privilége qui, en somme, est l'œuvre de la jurisprudence. Quelques-uns même l'ont exagérée, et ont prétendu que le privilége de la régie embrassait avec les revenus les autres biens de la succession, ou même que le droit de la régie devait s'exercer non pas à titre de privilége mais à titre de prélèvement sur tous

---

(1) Cass. 8 janv. 1809.
(2) Cass. 22 juin 1857. — S. V. 57, I. 401. — 2 déc. 1862. S. V. 63. I. 97.

lès biens de la succession. Ces deux dernières opinions contredisent d'une façon manifeste l'art. 32 de la loi du 22 frimaire an VII. Il est même permis de contester la doctrine de la cour de cassation car en quoi l'art. 32 de la loi de frimaire, par lequel la loi donne à la régie une action personnelle, solidaire, contre les héritiers, et une action réelle sur les revenus des biens à déclarer, fait-il naître l'idée de privilége ?

Le recouvrement des droits et amendes dûs à l'administration des postes, à l'administration des tabacs, les droits de péage, de bac et de navigation, qu'ils soient perçus par les employés des contributions indirectes ou par des particuliers, les droits d'octroi, les taxes résultant du monopole des allumettes chimiques, ne sont garantis par aucun privilége. Comme les priviléges sont de droit étroit, on ne saurait étendre l'art. 47 du décret de germinal an XIII sous prétexte que le trésor doit passer avant tout autre créancier. Or le décret du 1er germinal an XIII qui établit en faveur de l'administration des contributions indirectes proprement dite un privilége semblable à celui des douanes, ne concerne que le recouvrement des droits appelés autrefois droits réunis, et depuis ce temps aucune autre loi n'a attribué un pareil bénéfice aux autres branches de la régie des contributions indirectes.

# CHAPITRE IV.

---

## ORGANISATION DES CONTRIBUTIONS INDIRECTES AU POINT DE VUE CONTENTIEUX.

Le contentieux d s contributions indirectes est soumis à des règles spéciales. Ces règles, qui le plus souvent constituent des dérogations au droit commun, sont tantôt communes à la plupart des impôts indirects, tantôt au contraire particulières à chacun d'eux : ces dernières sont des exceptions aux règles générales qu'elles complètent ou qu'elles modifient. Nous verrons dans un premier paragraphe les règles communes à tous les impôts indirects et dans un second les règles spéciales à chacun d'eux.

§ 1. — RÈGLES GÉNÉRALES DE COMPÉTENCE ET DE PROCÉDURE.

RÈGLES DE COMPÉTENCE. — Un principe général domine le contentieux des contributions indirectes. Ce principe est que les tribunaux administratifs, compétents en matière de contributions directes ne le sont plus en matière de contributions indirectes : juridiction appartient à l'autorité judiciaire. Le législateur a dérogé sur ce point au principe de la séparation des pouvoirs administratif et judiciaire suivant lequel l'autorité judiciaire ne peut connaître des actes de l'administration. Quels motifs l'ont poussé à cette dérogation? On en a donné plusieurs.

On a dit qu'en matière d'impôts indirects, la saisie des objets imposés accompagnant souvent la constatation de la fraude, et la confiscation, l'amende et l'emprisonnement même en étant la conséquence, il y avait dans le contentieux de ces impôts des questions de propriété et de liberté qui, d'après les principes de notre droit public, sont du ressort exclusif de l'autorité judiciaire. Cela est vrai, mais on fait remarquer avec juste raison que la propriété et la liberté sont également mises en jeu lorsqu'il s'agit du recouvrement des impôts directs, ce qui n'a pas empêché le législateur d'attribuer en pareil cas compétence aux tribunaux administratifs.

On a dit d'un autre côté qu'étant données les formalités gênantes qu'exige la perception des impôts indirects et l'impopularité dont ils jouissent, la loi avait réservé aux tribunaux judiciaires le droit de prononcer sur les questions qui y sont relatives, par des raisons plutôt pratiques que scientifiques. Je préfère le motif donné par M. Ducrocq : si les tribunaux civils statuent sur la légalité de l'impôt indirect, c'est qu'il ne s'agit pas de rectifier des opérations administratives, telles que celles de répartition et de confection des rôles, mais seulement d'interpréter et d'appliquer un tarif. Cette raison atténue considérablement la dérogation au principe de la séparation des pouvoirs administratif et judiciaire, car c'est moins l'acte de l'administration que le tarif établi par la loi que l'autorité judiciaire doit interpréter.

Si le législateur n'a pas cru devoir laisser à l'administration le droit de connaître elle-même des contestations et des contraventions relatives aux impôts indirects, il lui a conféré un privilège spécial, dérogatoire au droit commun. Se fondant sur cette idée qu'il n'y avait dans la poursuite qu'un intérêt de fiscalité et non d'ordre public, il lui a attribué le droit exclusif de poursuivre les contraventions (1). Le ministère public ne peut agir d'office, sauf toutefois pour les questions d'octroi, exception qui ne s'ex-

---

(1) Loi 5 Ventôse an XII. — Décret 5 Germinal an XII. — Art. 23.

plique guère, et pour les autres impôts dans les cas où le fait incriminé cesse d'avoir un caractère purement fiscal et touche à l'ordre public : tel serait le cas ou un individu se serait rendu coupable de rébellion et de voies de fait vis-à-vis des employés de la régie. Le ministère public recouvre alors son droit de poursuite ; mais, chose remarquable, s'il arrive que l'individu, traduit ainsi à la requête du ministère public devant le tribunal correctionnel comme prévenu de rébellion, est renvoyé des poursuites, le jugement du tribunal correctionnel ne fait pas obstacle à ce que le même individu soit de nouveau poursuivi correctionnellement par la régie pour contravention aux lois sur les contributions indirectes (1). Cette nouvelle action ne pourrait être repoussée par l'exception de chose jugée, car elle diffère par sa nature et ses effets de l'action publique confiée au ministère public : par sa nature, car la régie agit en vertu de la loi du 5 Ventôse an XII qui lui confère un droit de poursuite à elle propre, dans l'exercice duquel elle ne peut par conséquent être légalement représentée par le ministère public ; par ses effets puisque l'action de la régie a pour objet la réparation du préjudice causé par la fraude au trésor public, tandis que l'action du ministère public a pour objet la réparation du mal causé à la société par les actes de rébellion commis envers des agents de l'autorité.

Lorsque le ministère public exerce ainsi son action publique, la régie peut intervenir comme partie civile ; il lui est alors permis, même après l'ordonnance d'acquittement de l'accusé, de demander par exemple la confiscation des objets de contravention dont l'accusé s'est trouvé nanti et l'amende que cette seule détention entraîne. La demande de la régie doit être considérée comme une véritable demande en dommages-intérêts dans le sens des art. 358 et 366 Cod. Inst. crim., demande sur laquelle le tribunal ou la cour d'assise ne peut se dispenser de statuer sous prétexte que ce serait prononcer une peine contre l'accusé après l'acquittement (2).

---

(1) Cass. 1 Oct. 1842.
(2) Cass. 29 Nov. 1834. — S. V. 35. 1. 127.

Si le ministère public a qualité pour poursuivre les faits de rébellion et autres semblables qui accompagnent ou suivent les contraventions aux lois sur les contributions indirectes, il ne faut pas oublier que là se borne son droit. S'il voulait poursuivre la répression de la contravention même, il commettrait un excès de pouvoir et l'individu acquitté sur ces poursuites pourrait être actionné de nouveau par la régie, sans qu'il en résultât une violation de la maxime *non bis in idem* (1).

Le droit de poursuite, attribué d'une façon exclusive à l'administration entraîne comme conséquence naturelle le droit de transiger, avant jugement, sur la contravention même et, après jugement, sur les pénalités auxquelles la contravention a donné lieu (2). L'effet de ces transactions, intervenues entre la régie et les délinquants, est d'empêcher l'application des peines pécuniaires ou corporelles lorsqu'elles interviennent avant le jugement, et de faire cesser l'emprisonnement quand elles interviennent après (3). Cette extinction de l'action pénale par l'effet de la transaction constitue une dérogation à la règle générale établie par l'art. 4 Cod. Inst. crim., d'après laquelle la renonciation à l'action civile ne peut arrêter ni suspendre l'exercice de l'action publique. Cette dérogation au droit commun se justifie par cette idée que la régie des contributions indirectes, ayant le pouvoir de faire prononcer les confiscations et amendes, réunit dans ses mains les deux actions civile et publique et peut en exerçant l'une éteindre l'autre. Voilà pourquoi la transaction n'aurait plus le même effet dans les cas où nous avons vu que le ministère public conservait son action, à savoir dans les cas où un délit de droit commun vient se joindre à la contravention. Comme il n'est plus alors question d'un simple procès de fraude, l'art. 4 du Cod. Inst. crim. reprendrait son empire et les transactions passées par la régie ne pourraient plus arrêter les poursuites ni faire cesser l'effet des condamnations corporelles (4).

---

(1) Rennes 9 déc. 1846. — D. P. 47. 4. 119.

(2) Décret 5 Germinal an XII. Art. 23. — Arrêté du 14 Fructidor an X.

(3) Cass. 26 Mars 1830. — S. V. 30 1. 804.

(4) Cass. même arrêt.

Il importe de remarquer que l'administration n'est investie du droit de transiger avec les redevables que sur le montant des condamnations encourues et non sur les droits acquis au trésor. La loi a permis à l'administration de transiger avec les redevables sur le montant des condamnations parce que d'une part, les prescriptions de la loi étant très-multipliées en matière de contributions indirectes, les infractions qui y sont commises sont souvent l'effet de l'ignorance plutôt que de la mauvaise foi, et que d'autre part les tribunaux sont strictement tenus d'appliquer aux contrevenants les peines prononcées par la loi sans avoir égard aux moyens d'excuse. Elle ne lui a pas permis au contraire de transiger sur les droits acquis au trésor, parce que ces droits sont perçus en vertu de tarifs fixes qu'il est défendu à l'administration de modifier soit en les augmentant soit en les diminuant.

Les transactions se font par l'intermédiaire des employés qui ont reçu le droit de transiger dans leurs attributions. Ce sont ordinairement les receveurs principaux et particuliers. Les transactions doivent recevoir l'approbation de l'autorité supérieure, représentée tantôt par le directeur du département, tantôt par le directeur général sur l'avis conforme du Conseil d'administration, tantôt par le ministre des finances, suivant l'importance des condamnations sur lesquelles intervient la transaction.

La juridiction civile et la juridiction criminelle sont l'une et l'autre juges des questions relatives aux contributions indirectes. La juridiction civile est compétente toutes les fois qu'une contestation s'élève sur le fond même du droit, sur le point de savoir si l'impôt est ou n'est pas dû. Tantôt c'est le juge de paix qui prononce en premier ou en dernier ressort suivant les cas ; tantôt c'est le tribunal civil. Si au contraire il s'agit non plus de l'application de l'impôt mais de l'application d'une pénalité, en d'autres termes s'il y a contravention ou délit, la compétence appartient à la juridiction criminelle, tribunal de simple police, tribunal correctionnel et même cour d'assise puisqu'en matière de douanes il peut même y avoir crime.

La détermination du tribunal compétent se fait sans difficulté toutes les fois qu'il s'agit de contestations purement civiles ou de contraventions à un texte formel de loi. Il n'en est plus de même quand le débat sur le fond du droit s'engage incidemment devant un tribunal correctionnel saisi d'une contravention. Ce tribunal doit-il renvoyer au tribunal civil le jugement de l'exception préjudicielle, ou bien, juge de l'action l'est-il également des exceptions qui y sont opposées, quoiqu'elles portent sur le fond du droit? La cour de cassation avait d'abord décidé que le tribunal correctionnel devait surseoir aux poursuites jusqu'à ce que le tribunal civil eût lui-même statué sur le fond du droit (1). Cette opinion avait en pratique un immense inconvénient; s'il suffisait en effet à des contrevenants, pour se soustraire à la juridiction correctionnelle et arrêter les poursuites, d'alléguer que le droit réclamé par l'administration n'était pas dû, une simple allégation dénuée de toute preuve entravait la perception de l'impôt et paralysait les poursuites. Aussi la cour de cassation est-elle revenue sur sa première opinion. Elle décide aujourd'hui que l'attribution donnée aux tribunaux civils relativement aux contestations sur le fond du droit, doit s'entendre uniquement des contestations purement civiles, ayant pour objet des droits à payer ou à restituer, dont la demande est formée soit par action directe soit par opposition à une contrainte décernée par la régie; mais qu'il en est différemment d'une contestation incidente à un procès-verbal de contravention ou de saisie; ce procès-verbal détermine la compétence des tribunaux correctionnels et les constitue juges de l'action et des exceptions qu'on y oppose (2). Il résulte de cette opinion que, si un particulier veut contester la légitimité d'un droit qui lui est réclamé par la régie, il doit se presser de porter son action devant la juridiction civile, car, s'il se laisse faire un procès-verbal, le tribunal correctionnel sera désormais compétent même pour statuer sur la question du fond (3). Je me rangerai à ce dernier système,

_______________

(1) Cass 27 floréal, an XIII — 23 juil. 1807 — 31 juil. 1812 — 18 nov. 1819.
(2) Cass. 9 déc. 1819 — 9 avril 1824 — 11 mai 1839. S V, 39, 1. 959.
(3) Cass. 8 avril 1830.

car il est conforme au principe du droit commun en vertu
duquel le juge de l'action est juge de l'exception.

RÈGLES DE PROCÉDURE. — La compétence des tribunaux civils
et des tribunaux correctionnels étant établie, nous devons main-
tenant faire connaître les règles de procédure usitées devant
chacune de ces juridictions.

Devant les tribunaux civils, l'instruction se fait par simples
mémoires respectivement signifiés sans qu'il soit besoin du ministère des avoués. Le rapport est fait par un juge en audience
publique et le ministère public est entendu en ses conclusions.
Le jugement est rendu publiquement dans la chambre du
conseil (1). Toutes ces formalités sont exigées à peine de nullité.
Ainsi serait nul le jugement qui serait rendu en audience
publique, sans plaidoiries, sans rapport préalable d'un juge et
sans conclusions du ministère public (2).

La partie qui succombe n'a d'autres frais à payer que ceux
du papier timbré, des significations et de l'enregistrement des
jugements. Toutefois s'il arrivait que le fisc eût exercé des poursuites en vertu d'actes irréguliers et inexacts contre un redevable
auquel ces poursuites ont occasionné un préjudice, les tribunaux
pourraient, en déclarant nulles les poursuites, fixer les droits
réellement dûs au fisc et les compenser jusqu'à due concurrence
avec les dommages-intérêts qu'ils croiraient devoir accorder au
redevable à raison du préjudice subi; en statuant ainsi, ils ne
porteraient pas atteinte au principe qui ne permet pas aux contribuables de se défendre par des compensations du paiement des
contributions exigibles contre eux. En effet comme la contrainte
était nulle, la créance de la régie n'a pu être liquidée et constatée
que par le jugement même, et ce jugement, en déduisant du
montant des droits de la régie les dommages-intérêts adjugés
au redevable n'a fait qu'arrêter un compte et n'a porté par conséquent aucune atteinte au principe consacré par l'art. 1291 du

_______________

(1) Lois 22 février, an VII, art. 65 — 27 vent. an IX, art. 17 — 5 ventose.
an XII, art. 88, chap. 6.

(2) Cass. 31 janv. 1816 — 14 juillet 1840.

code civil. Pareillement si les tribunaux déclaraient une saisie
mal fondée, ils pourraient condamner la régie à une indemnité,
à la condition toutefois que le saisi ait été privé de la disposition
de la chose qui a été l'objet de la saisie ; aucune indemnité ne
serait due si cette chose avait été laissée à sa disposition (1), ou
si la régie avait offert la remise des objets saisis sans distinguer
si le redevable a ou n'a pas accepté les offres qui lui étaient
faites (2). Il a été également jugé que la régie, qui perd son
procès ne peut être condamnée à payer les émoluments dûs à
l'avoué de son adversaire (3).

Les jugements rendus par les tribunaux civils sont susceptibles
d'appel ; ils peuvent aussi être attaqués par opposition, par
requête civile et par le recours en cassation. Ces différentes
voies de recours restent soumises aux règles ordinaires.

La prescription s'opère dans des délais qui souvent varient
suivant chaque impôt. En général elle est acquise aux redevables
contre la régie pour les droits non réclamés dans l'espace d'un
an à compter de l'époque où ils auraient été exigibles ; elle est
acquise à la régie contre toute demande en restitution de droits
après un délai de deux ans. Comme aucune loi spéciale n'a
parlé des causes qui interrompent la prescription, il faut se
reporter au droit commun ; par conséquent du moment que l'action de la régie a été intentée en temps utile, que l'instance est
liée, l'instruction complète et la cause en état de recevoir décision, la cessation ultérieure des poursuites pendant un an
n'opère pas comme on l'a prétendu, prescription contre la régie:
l'instance conserve malgré cette circonstance son effet inter-
ruptif de toute prescription (4). L'art. 2244 du code civil est ici
applicable ; or aux termes de cet article une citation en justice
interrompt la prescription et l'effet de cette interruption n'a pas
cessé par cela seul qu'il y a eu discontinuation de poursuites
pendant un temps plus ou moins long. Les contraintes signifiées
par l'administration constituent dans le sens de l'art. 50 du

---

(1) Décret 1" germ. an-XIII, art. 29.
(2) Cass. 27 févr. 1819. — Sirey c. n. 4. 1. 293.
(3) Cass. 26 mars 1827.
(4) Cass. 14 nov. 1831. — S. V. 31 1. 129.

décret du 1er germinal an XIII une réclamation interruptive de la prescription, alors même qu'elles n'ont été suivies d'aucun acte d'exécution (1). A partir de cette signification le droit d'agir existe pour l'administration pendant 30 ans sans qu'on puisse prétendre, en se fondant sur l'art. 61 de la loi du 22 frimaire an VII, exclusivement applicable à l'enregistrement, que la prescription, interrompue par la contrainte, a recommencé à courir et s'est accomplie par l'expiration sans poursuites du délai fixé pour la prescription de chaque impôt (2).

Il importe de remarquer que ces règles spéciales de procédure, usitées en matière de contributions indirectes, ne s'appliquent que dans les cas où la contestation s'élève entre la régie et un redevable sur une question touchant directement les lois relatives aux contributions indirectes. En dehors de ce cas on rentre dans le droit commun, alors même que la régie est en cause. Si par exemple il s'agit d'une instance contre un tiers saisi qui personnellement ne doit rien à la régie et ne conteste pas le fond du droit, mais qui soutient ne rien devoir à la partie condamnée à payer le droit à la régie, il y a là une instance ordinaire, qui doit être jugée dans la forme ordinaire (3).

Les règles de procédure relatives aux instances à suivre devant les tribunaux correctionnels ont été établies par le décret du 1er germinal an XIII. Comme ce décret se borne à énoncer quelques règles sans donner un système complet de la matière, on s'est demandé s'il fallait, quant aux points sur lesquels il se tait, se référer au code de procédure ou au code d'instruction criminelle. On considère ordinairement le code d'instruction criminelle comme la loi de la matière. Il est vrai que les contraventions commises aux lois sur les contributions indirectes ne sont pas des délits dans la signification usuelle de ce mot; mais comme la connaissance en a été attribuée aux tribunaux correctionnels, il faut naturellement suivre les formes usitées devant cet ordre de juridiction (4); or la loi générale, réglementaire de

_____

(1) Cass. 12 avril 1865. — S. V. 65. 1. 226.
(2) Même arrêt.
(3) Cass. 30 janv. 1830.
(4) Cass. 22 nov. 1811.

la procédure en matière correctionnelle se trouve non pas dans e code de procédure mais dans le code d'instruction criminelle.

Les contraventions aux lois sur les contributions indirectes sont ordinairement constatées par des procès-verbaux. Ces procès-verbaux font foi jusqu'à inscription de faux non-seulement des faits matériels de contravention qu'ils constatent mais encore de dires, propos et aveux ayant pour effet de constituer les prévenus en contravention (1). Ils font également foi jusqu'à inscription de faux des menaces qui ont été faites aux employés dans l'exercice de leurs fonctions (2), mais ils ne font foi que jusqu'à preuve contraire des injures, menaces et voies de fait étrangères à l'exercice des fonctions (3). Le tribunal en appréciant les faits, peut refuser d'y voir le délit de rébellion et sa décision à cet égard est à l'abri de la censure de la cour de cassation.

Les préposés de la régie sont eux-mêmes liés par les procès-verbaux qu'ils rédigent. Ainsi ils ne peuvent par des déclarations postérieures à la rédaction et à l'affirmation de leurs procès-verbaux démentir les faits qu'ils ont constatés ni ajouter des circonstances omises dans le procès-verbal. Il y aurait de la part des tribunaux violation de la foi due aux procès-verbaux, s'ils admettaient ces déclarations contraires aux faits constatés.

Les règles générales de la procédure du faux incident civil sont applicables à l'inscription de faux en matière de contributions indirectes dans tous les cas où une loi spéciale ne contient pas de dispositions contraires. J'énonce rapidement ces règles exceptionnelles : l'inscription de faux doit être faite par écrit au plus tard à l'audience indiquée par l'assignation à fin de condamnation (4). Pour faire courir ce délai il suffit que l'assignation indique le jour d'audience d'une manière générale, par exemple en citant le prévenu à comparaître à tel nombre de jours ou après le délai fixé par la loi à partir de la date de l'exploit. Si le délinquant fait défaut à la première audience la déchéance est

---

(1) Cass. 12 avril 1808. — S. V. 16. 1. 293. — 2 oct. 1831. S. V. 84. 1. 705.
(2) Cass. 27 déc. 1810. D. A. 21. 416.
(3) Cass. 22 janv. 1819. — 4 nov. 1812. — S. V. 43. 1. 712.
(4) Loi 9 flor. an VII. art. 12.

encourue contre lui et il n'en peut être relevé par l'opposition qu'il aurait formée au jugement par défaut (1). Comme les formalités prescrites par la loi pour l'inscription de faux sont de rigueur absolue, leur inobservation entraîne déchéance de l'inscription de faux et l'extinction même de l'action. En ce qui concerne les moyens, l'inscription de faux n'est recevable que si les moyens proposés sont de nature, s'ils étaient prouvés, à détruire la fraude ou la contravention énoncées au procès-verbal (2). Ainsi les moyens de faux ne doivent pas seulement consister dans une dénégation sèche des faits contenus dans le procès-verbal, ils doivent exposer les circonstances qui tendent à prouver la fausseté de ces faits (3).

L'assignation doit être donnée dans le délai fixé par les lois relatives au recouvrement de chaque espèce d'impôts. Ce délai est fatal et l'action formée après son expiration est non-recevable alors même que les contrevenants ne sont pas connus de l'administration (4).

L'instruction se fait conformément aux articles 154 et 190 du Code d'instruction criminelle. Une règle remarquable et dérogatoire au droit commun, domine l'instruction des faits et la décision du juge. Tandis qu'en droit commun les tribunaux doivent toujours s'enquérir de la bonne foi du contrevenant et graduer la peine suivant la culpabilité, ils ne peuvent, en matière de contributions indirectes, que vérifier si les faits constituent une contravention prévue par la loi et, en cas d'affirmative ils doivent appliquer la peine ; à cause de la nature fiscale de l'intérêt en jeu, ils ne peuvent tenir compte des circonstances qui en toute autre matière aggraveraient ou atténueraient la faute. Il n'appartient qu'à l'administration d'examiner la moralité des faits, les questions d'excuse et de bonne foi, et par suite de

---

(1) Cass. 7 mai 1809. — D. A. 8. 453.
(2) Cass. 27 avril 1811. — D. A. 8. 451.
(3) Cass. 12 févr. 1825. — D. P. 25. 1. 295.
(4) Cass. 7 déc. 1843.
(5) Lois 6-22 août 1791. tit. XII, art. 4. — 9 floréal an VII, art. 16. — Décret 1er germ. an XIII, art. 89. — Cass. 22 janv. 1820.

modifier ou même de remettre les peines encourues (1). Ce droit, réservé à l'administration est la conséquence de celui qu'elle a de transiger en tout état de cause sur les procès-verbaux de contravention. Il en résulte que les tribunaux commettent un excès de pouvoir lorsqu'au lieu d'appliquer les peines légales ils examinent si la contravention est excusable et si le délinquant a agi de bonne foi ; il ne leur appartient pas non plus d'excuser un fait défendu par la loi sous prétexte qu'il a été commis sans tentative de fraude ou qu'il est habituellement toléré par l'administration (2). La seule faculté qui leur est laissée est de s'éclairer sur les circonstances du fait imputé, pour arbitrer le quantum de l'amende à la condition qu'ils se renferment dans le cercle du minimum et du maximum fixé par la loi (3).

Un point fort discuté en jurisprudence et en doctrine est celui de savoir quelle est la nature des amendes et condamnations pécuniaires prononcées par les tribunaux correctionnels en matière de contributions indirectes. Ces amendes et condamnations ont-elles un caractère de peine dans le sens de l'art. 9 du code pénal? Et si elles ont ce caractère il faut admettre les conséquences suivantes: 1º L'exécution de la condamnation peut être poursuivie par voie de contrainte par corps, et cela sans que le jugement renferme une disposition expresse à cet égard (4) ; 2º L'amende ne peut être prononcée contre les héritiers du contrevenant (5) ; 3º Elle ne peut être prononcée contre les personnes que la loi déclare civilement responsables des actes commis par ceux qui se trouvent sous leur surveillance. Sont-elles au contraire non pas une peine mais la réparation civile du préjudice causé à l'État? Et, si tel est leur caractère, elles ne peuvent être poursuivies par voie de contrainte mais elles peuvent être

---

(1) Cass. 30 juillet 1807. S. V. 8, 1 449. — 6 avril 1822. S. V. 22, 1, 812. — 7 juin 1833. — S. V. 33. 1. 805.

(2) Cass. 22 mai 1823 — D. A. 4. 50.

(3) Riom, 4 juin 1829.

(4) Cass. 14 février 1832.— S. V. 32, 1, 381.

(5) Cass. 9 décembre 1813.

prononcées contre les héritiers du contrevenant et les personnes civilement responsables.

La régle sur ce point est en contradiction avec elle-même. D'une part, quand il s'agit des voies à employer pour le recouvrement des amendes et autres condamnations pécuniaires, elle use de la contrainte par corps : elle reconnaît ainsi à l'amende un caractère pénal. Mais, d'autre part, quand il s'agit d'étendre à des tiers la responsabilité de la contravention, elle invoque l'art. 1384 du code civil, et elle ne considère plus la condamnation que comme une réparation civile du dommage qui lui est causé. Nous laissons aux agents du fisc le soin de concilier ces deux principes.

La cour de cassation n'est pas non plus exempte du même reproche de contradiction. Ainsi elle ne permet pas qu'on puisse poursuivre les héritiers du prévenu, décédé avant le terme de la poursuite correctionnelle, mais elle admet que le père est civilement responsable des condamnations pécuniaires auxquelles donne lieu la contravention commise par son enfant mineur. Comme la régie, par conséquent, la cour de cassation imprime tout à la fois à l'amende le caractère d'une simple réparation civile et celui d'une peine. Il est vrai que cette contradiction paraît assez difficile à éviter, car une loi du 22 août 1791, relative aux douanes, déclare les propriétaires des marchandises civilement responsables des faits de leurs facteurs, agents, serviteurs et domestiques en ce qui concerne les droits, confiscations, amendes et dépens. Or la cour de cassation et bon nombre d'auteurs avec elle sont d'avis d'appliquer cette loi même aux autres contributions indirectes, sous prétexte que cette disposition a été depuis transportée dans le décret du 1er germinal an XIII concernant les droits réunis. En présence de cette loi il semble que l'amende doive être considérée comme une réparation civile, et, ce principe admis, il faut le suivre dans toutes ses conséquences, et décider contrairement à l'opinion de la cour de cassation, que l'État doit avoir action sur la succession du décédé. Mais ce système a un vice rédhibitoire, car il ne nous explique pas pourquoi, s'il s'agit d'une simple réparation civile, les tribunaux correctionnels sont compétents et pourquoi le législateur emp'oie toujours les mots amendes ou condamnations pécuniaires. Il me semble que, si les contrevenants aux lois sur les impôts indirects devaient simplement réparer le préjudice causé à l'État, le législateur les aurait déclarés passibles de dommages-intérêts et les aurait rendus justiciables des tribunaux civils. Voilà pourquoi je suis d'avis de reconnaître avant tout à l'amende un caractère pénal. A la vérité cette amende a pour destination spéciale de réparer le tort causé à l'État et c'est pour cela que la régie est chargée d'en faire le recouvrement ; mais à l'égard des contrevenants elle constitue certainement une peine. Quand à la loi de 1791 elle ne contredit pas mon opinion ; elle s'explique par cette idée que le législateur veut atteindre, outre le prévenu déclaré coupable, les personnes qu'il présume être ses complices.

L'amende encourue en matière de contributions indirectes a cependant un caractère particulier. Elle est plutôt réelle que personnelle, en ce sens qu'elle frappe le fait matériel de la contravention, abstraction faite du nombre de personnes qui ont pu y coopérer. C'est pourquoi, tandis qu'en droit commun il est de règle que l'amende encourue par plusieurs individus pour un même délit doit être prononcée contre chacun d'eux individuellement, il n'y a pas lieu en matière de contributions indirectes à l'application d'une amende personnelle et distincte contre chacun des contrevenants, mais seulement à une condamnation solidaire à la même amende (1).

Les jugements rendus par les tribunaux correctionnels peuvent être attaqués par la voie d'opposition s'ils sont par défaut, et, s'ils sont contradictoires, par la voie de l'appel et le recours en cassation. Ces voies de recours sont en principe régies par le droit commun auquel il faut se référer pour la procédure à suivre. Il n'y a guère de disposition spéciale qu'en ce qui touche le délai dans lequel l'appel doit être notifié. Le décret du 1er germinal an XIII, article 39, consacre sur ce point une grave

---

(1) Cass. 19 août 1836. — S. V. 36. 1. 762.

dérogation à l'article 203 du Code d'instruction criminelle en ce que l'appel est recevable tant que le jugement n'a pas été signifié. On admet également que l'article 455 du Code de procédure, qui déclare que l'appel des jugements susceptibles d'opposition ne sera pas reçu pendant le délai de l'opposition, ne s'applique pas aux jugements rendus en matière de contributions indirectes ; la régie peut appeler d'un jugement par défaut même pendant le délai de l'opposition, car le décret de l'an XIII ne contient aucune prohibition à cet égard.

Il est inutile de faire remarquer que le ministère public qui n'est pas recevable à exercer des poursuites pour contravention en matière de contributions indirectes, est également non recevable à interjeter appel ou à se pourvoir en cassation contre un jugement ou arrêt rendu sur ces contraventions (1).

Si le jugement n'est pas attaqué dans les délais fixés, il est procédé cinq jours après l'annonce qui en est faite par affiches, à la vente publique des objets confisqués (2). Le recouvrement des amendes et frais de justice se fait suivant le droit commun.

On ne peut appliquer aux contraventions la prescription établie par l'art. 50 du décret du 1er germinal an XIII ; cette prescription s'applique seulement à des droits exigibles par voie de contrainte, et non à des confiscations et à des amendes qui ne sont exigibles qu'après avoir été prononcées par jugement (3). On ne peut non plus appliquer la prescription d'un an établie par l'art. 640 du Code inst. crim. pour les contraventions de simple police : il n'est pas possible de ranger parmi les contraventions de simple police les contraventions en matière de contributions indirectes, puisque les amendes qui doivent être infligées contre les contrevenants dans ce dernier cas excèdent toujours le maximum fixé par l'art. 137 C. inst. crim. pour les contraventions de police. Comme en notre matière la prescription n'est réglée par aucune loi spéciale, il y a lieu de se référer aux art.

---

(1) Cass. 25 août 1827. — S. V. 28. 1. 120.
(2) Loi 1er germinal an XIII, art. 33.
(3) Cass. 6 sept. 1806. — S. V. 7. 2. 1112.

637 et 638 du code inst. crim. qui prononcent la prescription de l'action correctionnelle pour défaut de poursuites pendant trois ans. Cette prescription est absolue et doit être prononcée d'office par le juge (1).

### § II. — RÈGLES SPÉCIALES A CERTAINS IMPÔTS INDIRECTS DÉROGEANT AUX RÈGLES GÉNÉRALES DE COMPÉTENCE ET DE PROCÉDURE.

CONTRIBUTIONS INDIRECTES PROPREMENT DITES OU DROITS RÉUNIS. — Les règles générales que nous venons de passer en revue ont été spécialement établies en vue des contributions indirectes proprement dites; aucune exception n'y a été apportée.

DOUANES. — Les instances civiles s'engagent en premier ressort devant le juge-de-paix ; elles sont susceptibles d'appel devant le tribunal de première instance. La procédure est soumise aux règles générales énoncées au premier paragraphe (2).

Pour les contraventions, la compétence appartient en règle générale aux juges-de-paix en première instance et aux tribunaux de police correctionnelle en appel (3). La cour d'assises elle-même est compétente pour les crimes de rebellion ou de contrebande avec attroupement de trois personnes armées ou plus, et pour la contrebande faite ou favorisée par les employés de la régie. Devant le juge-de-paix, la procédure est la même que celle suivie pour une instance purement civile : en cela se trouve l'exception aux règles générales du premier paragraphe. Devant les tribunaux correctionnels, statuant en appel ou même en premier ressort dans les quelques cas où compétence leur est attribuée à ce degré, la procédure est celle du droit commun sauf quelques dispositions spéciales, peu importantes, de la loi du 28 avril 1816.

---

(1) Cass. 11 juin 1829. — S. V. 29, 1, 359.
(2) Lois 9 floréal an VII, tit. IV. — 6-22 août 1791, tit. XIII, art. 82.
(3) Décret 14 fructidor an III, art. 8.

Devant la cour d'assises les règles ordinaires sont également suivies.

L'administration est autorisée à transiger. Avant le jugement la transaction arrête l'action publique aussi bien que l'action civile. Après le jugement elle peut encore porter sur les condamnations pécuniaires, mais elle est impuissante à modifier les peines corporelles infligées aux délinquants (1). Cette différence qui existe entre les douanes et les autres contributions indirectes est la conséquence d'une autre différence plus importante qui existe entre elles. En matière de douane, en effet, l'action publique n'appartient pas exclusivement à l'administration ; le ministère public a le droit de l'exercer (2). La raison de cette différence est que les affaires de douanes présentent souvent un caractère de gravité que n'ont pas les affaires relatives aux autres contributions indirectes. Celles-ci ne donnent lieu qu'à des condamnations pécuniaires ; au contraire, les contraventions en matière de douanes entrainent dans certains cas l'emprisonnement. Cette raison a suggéré à la cour de cassation une distinction logique : s'il s'agit d'une contravention passible de la juridiction correctionnelle et criminelle, le ministère public conserve son droit d'action ; si au contraire il s'agit d'une simple contravention du ressort de la justice-de-paix, le ministère public n'a plus le droit d'agir. Cette distinction, ai-je dit, est logique, car l'action des douanes devant le juge-de-paix a un caractère purement civil, quoiqu'elle ait pour résultat une condamnation à une amende et la confiscation ; en pratique, du reste, le droit d'action attribué en pareil cas au ministère public apporterait trop d'obstacles aux transactions entre les délinquants et l'administration.

Enregistrement. — Trois dérogations importantes aux règles générales énumérées plus haut caractérisent la compétence et la procédure en matière d'enregistrement :

---

(1) Circulaire du 24 janv. 1844.

(2) Lois des 28 avril 1816 et 21 avril 1818.— Cass. 21 nov. 1828. — S. V. 29, 1 108.

1° Le tribunal compétent est toujours le tribunal civil et jamais la juridiction correctionnelle, excepté le cas de contravention pour les droits d'affichage et les cas de délits de droit commun, comme ceux de contrefaçon ou de faux en matière de timbre ;

2° Le jugement doit être rendu en séance publique et non en chambre de conseil (1) ; il n'est pas susceptible d'appel, mais il peut être attaqué par la voie du recours en cassation ;

3° Le droit de transaction est subordonné à certaines restrictions. Comme le ministre des finances a seul la faculté d'accorder des remises ou modérations pour les droits en sus et les amendes, et que cette faculté lui est même retirée lorsque les droits en sus et les amendes ont été payés, le droit de transiger s'exerce dans les mêmes limites. Ce droit, par conséquent, n'appartient pas à la régie mais au ministre des finances, et celui-ci ne peut l'exercer non-seulement en ce qui touche les droits simples, mais encore en ce qui touche les droits en sus et les amendes qui ont été payés.

Les autres règles de procédure, sauf quelques points de détail tels que les délais de notification des jugements et de prescription, sont conformes aux règles générales énoncées au paragraphe précédent.

Postes. — Bien que des arrêts de conflit aient plusieurs fois attribué à la juridiction administrative des contestations relatives à la responsabilité de l'administration des postes, il est aujourd'hui admis par tout le monde qu'en matière de postes compétence appartient aux tribunaux judiciaires (2).

Lorsque le recouvrement de la taxe est autorisé par voie de contrainte (3), la procédure et la compétence sont les mêmes que pour les autres impôts indirects. S'il s'agit d'une contravention, les règles de procédure et de compétence en matière cor-

------

(1) Cass. 4 juin 1866
(2) Loi du 26 août 1790, art. 3.
(3) Loi du 25 juin 1856, art. 6.

rectionnelle usitées en droit commun sont applicables, sauf que l'administration a le droit de transiger avant comme après le jugement (1) et que le ministère public n'a plus l'initiative des poursuites dans les cas prévus par l'article 9 de la loi du 4 juin 1859, pour lesquels la poursuite est exercée à la requête de l'administration.

Tabacs. — Les règles de compétence et de procédure sont les mêmes que pour les contributions indirectes proprement dites.

Droits de navigation, bacs et péages. — Jusqu'en 1836, les contestations qui s'élevaient sur les droits de navigation étaient de la compétence des conseils de préfecture. La loi du 9 juillet 1836 a décidé, conformément au principe qui régit les autres impôts indirects, que les contestations sur le fond du droit de navigation et les contraventions seront constatées et poursuivies dans les formes propres à l'administration des contributions indirectes.

En ce qui concerne les bacs et passages d'eau on peut poser deux règles générales, bien que la jurisprudence y apporte des restrictions plus ou moins considérables. Si une contestation s'élève entre le fermier et l'administration, comme elle est de nature à compromettre le service public, elle doit être jugée par les tribunaux administratifs; si elle s'élève entre le fermier et les tiers, comme il s'agit alors d'interpréter un tarif, les tribunaux judiciaires redeviennent compétents. Je ferai la même distinction en ce qui concerne les droits de péage.

Octrois. — L'autorité judiciaire, représentée par le juge de paix, est compétente pour juger les contestations qui s'élèvent sur l'application du tarif. Au contraire les questions qui touchent à des mesures de police et d'administration, comme celles qui tendent à faire réformer ou même à interpréter

---

(1) Ord. royale du 19 février 1849.

les actes émanés de l'administration, doivent être résolues par l'autorité administrative (1).

La procédure devant le juge de paix se fait d'après le droit commun. Les procès-verbaux constatant les fraudes font foi jusqu'à inscription de faux, mais la procédure de l'inscription de faux n'ayant pas été réglementée d'une façon spéciale doit également se faire d'après les règles ordinaires du droit commun. Le droit de transiger sur les condamnations encourues appartient au maire sous l'approbation des préfets (2) ; si l'octroi est affermé, le fermier ne peut transiger qu'avec l'approbation du maire et en présence du préposé des contributions indirectes qui donne son avis (3).

(1) Cons. d'État 22 janv. 1808.
(2) Ord. 9 déc. 1814, art. 33.
(3) Décret 17 mai 1809, art. 124.

# POSITIONS

---

### DROIT ROMAIN

I. — La femme ne peut se soustraire à la prohibition du sénatus-consulte Velléien en renonçant au bénéfice de la nullité qu'il édicte.

II. — En principe la société ne constituait pas une personne morale, distincte de ses membres (Nec obst. l. 46 Dig. XXII, 1. — l. 3 § 4, XXXVII, 1 — loi 65 § 14 pro socio).

III. — L'opinion qui soutient que toute lésion suffit pour donner lieu à l'*in integrum restitutio* n'est pas plus exacte que celle qui exige une lésion importante.

IV. — Le concubinat ne mettait pas à l'abri des déchéances prononcées par les lois caducaires contre les *cœlibes* et les *orbi* Il pouvait seulement donner lieu au *jus liberorum*.

V. — Les fonctionnaires municipaux ne représentent pas la cité, comme un tuteur représente son pupille. En conséquence même les actes faits par eux de bonne foi et dans les limites de leurs attributions n'engagent pas la ville comme si elle les avait passés elle-même. Ce sont des *negotiorum gestores* qui ne peuvent répéter contre la cité que ce dont celle-ci a profité : aussi tous les actes de gestion se passent-ils aux risques et périls des administrateurs.

## DROIT CIVIL FRANÇAIS.

I. — Le mari, avec le concours de sa femme, peut disposer à titre gratuit des immeubles de la communauté.

II. — Si le mari commun en biens a aliéné un immeuble propre de la femme sans son consentement, celle-ci peut revendiquer immédiatement cet immeuble pendant le mariage.

III. — L'art. 197 du code civil n'est pas applicable exclusivement à l'enfant ; après son décès, le mode de preuve qu'il autorise peut être invoqué par des collatéraux pour établir les rapports de parenté que cet état civil a créés, à l'effet d'exercer des droits de succession.

IV. — Le propriétaire qui a possédé pendant plus de trente ans des arbres de haute tige à moins de deux mètres du fonds voisin, a acquis, par prescription, le droit de conserver ces arbres à la place où ils se trouvent et de les remplacer, s'ils sont abattus.

V. — L'officier de l'État-Civil, appelé à dresser l'acte de naissance d'un enfant naturel, doit refuser de mentionner dans cet acte le nom de la mère, quand il ne lui est pas indiqué par la mère elle-même ou par un fondé de pouvoirs.

VI. — Le donataire en avancement d'hoirie qui a accepté la succession du donateur a le droit de prélever la différence entre la somme lui revenant à titre de réserve et le montant de son don sur la quotité disponible, de préférence au légataire par préciput, son co-héritier.

VII. — L'art 918 c. civ. n'est applicable qu'aux actes d'aliénation qui revêtent la forme apparente d'aliénations à titre onéreux. Il ne s'applique pas aux libéralités pures et simples, limitées à la nue-propriété ou faites avec réserve d'usufruit.

VIII. — Le domicile de fait d'un étranger en France, lors même qu'il s'est prolongé sans esprit de retour pendant toute sa vie, ne suffit pas, s'il n'a pas été établi en vertu d'une autorisation du gouvernement, pour attribuer à cet étranger un domicile légal avec les effets juridiques qui y sont attachés et de nature à soumettre sa succession aux règles établies par la loi française.

### DROIT PÉNAL.

Lorsqu'un étranger, ayant commis un délit en France, a déjà été condamné pour ce fait par les tribunaux de son pays, le jugement du tribunal étranger ne fait pas obstacle à ce que le coupable soit de nouveau poursuivi et jugé en France.

### DROIT COMMERCIAL.

La remise faite dans un concordat est dans certains cas sujette à rapport.

### ÉCONOMIE POLITIQUE.

Un excédant d'exportations sur les importations n'est pas un signe de la prospérité commerciale d'une nation, car il ne produit pas nécessairement chez elle une augmentation de richesses.

### DROIT ADMINISTRATIF.

Lorsque, des immeubles étant indivis entre plusieurs communes, l'une d'elles refuse de sortir d'indivision, il est possible d'arriver au partage soit par l'établissement d'une commission syndicale soit en appliquant l'art. 815 du code civil.

### DROIT INTERNATIONAL.

I. — L'annexion par suite de conquête ne peut être légitimée même par l'assentiment de la province conquise, manifesté par le vote de ses habitants.

II. — Après l'annexion d'un pays, les habitants de ce pays ne conservent pas le droit d'opposer à la chose jugée en France l'exception tirée de l'exequatur pour les jugements prononcés avant l'annexion.

Vu :

Ce 21 Mai 1878,

*Le Doyen, Président de la Thèse,*

BLONDEL.

Permis d'imprimer :

Ce 21 Mai 1878.

*Le Recteur,*

FLEURY.